Jeremias Gotthelf
Die schwarze Spinne

Von Walburga Freund-Spork

W0089848

Philipp Reclam jun. Stuttgart

Universal-Bibliothek Nr. 15336
Alle Rechte vorbehalten
© 2003 Philipp Reclam jun. GmbH & Co., Stuttgart
Gesamtherstellung: Reclam, Ditzingen
Printed in Germany 2003
RECLAM und UNIVERSAL-BIBLIOTHEK sind eingetragene Marken
der Philipp Reclam jun. GmbH & Co., Stuttgart
ISBN 3-15-015336-0

www.reclam.de

Inhalt

1. Erstinformation zum Werk

Die Novelle *Die schwarze Spinne* von Jeremias Gotthelf (d. i. Albert Bitzius) entstand im Jahre 1841. Sie erschien zum Jahreswechsel 1841/42 im ersten Band der sechsbändigen Ausgabe *Bilder und Sagen aus der Schweiz*. Damals fasste Gotthelf auch den Plan, die Geschichte der Schweiz bis zur Gegenwart in »Schweizersagen und Bildern« darzustellen. Motive der *Schwarzen Spinne* hatte er bereits in seinem ersten Roman mit dem Titel *Bauernspiegel* (1837) entwickelt. Hier wie dort kritisiert er die moralischen und sittlichen Schwächen und die religiöse Verunsicherung und stellt ihnen das Bild einer idealen Gesellschaft und eines idealen Staats gegenüber. Im Vorwort zum *Bauernspiegel* nennt Gotthelf die Gründe für sein leidenschaftliches Bekenntnis zu einem intakten Gemeinwesen.

> »Was kann ich dafür, daß es in mir sprudelt und kocht, wenn ich das Glück dieses Ländchens durch selbstsüchtige Leidenschaftlichkeit niedergetreten, durch Frechheit zerstört und durch Laster aufgezehrt, durch schnöde Geldsucht ausgebeutet, durch Rechthaberei oder Leichtsinn untergraben sehe. Verzeiht mir nun, wenn es auch überkocht!«[1]

Gotthelf glaubt, in seiner Art zu schreiben alle Voraussetzungen eines Volksschriftstellers zu erfüllen. Kennzeichnend für den Volksschriftsteller ist aus seiner Sicht, dass dieser das Leben, das er beschreibt, »aus eigener Anschauung« kennt, am »Volkshumor« teilhat und die »heilige Liebe zum Volk« in ihm wohnt. Dabei darf die kritische Darstellung nicht

Die schwarze Spinne

Gotthelf als Volksschriftsteller

ausgeschlossen werden, aber der Leser muss spüren, dass die Kritik nicht aus Bosheit, sondern aus »innigem Erbarmen« erwächst. Auch muss sich der Volksschriftsteller aller Schichten des Volkes annehmen und ihnen so begegnen wie sie sind und nicht wie sie sein sollten.«[2] Inwieweit dies für die *Schwarze Spinne* zutrifft, wird zu erläutern sein.

Der *Schwarzen Spinne* liegen verschiedene, im Einzelnen nicht immer auszumachende und exakt nachzuzeichnende Quellen zugrunde. Es handelt sich dabei um eine Viehseuchensage, in der das Tiersterben durch eine schwarze Spinne verursacht wurde, um die örtliche Überlieferung über das Grassieren der Pest im Emmental, im Volksmund auch Schwarzer Tod genannt, um eine Rittersage, die an den Namen des Deutschritters Hans von Stoffeln anknüpft, dessen Wappen in der Sumiswalder Kirche zu sehen ist, und um die Erzählung von einer Lindauerin, die als Frau eines Kriegers nach Trub, einem Ort im schweizerischen Emmental, gekommen war und von der behauptet wurde, sie sei vom Teufel besessen. Gotthelf legt daher seiner Novelle im Volk lebendige Erinnerungen zugrunde.

| Die Quellen |

Darüber hinaus verwendet er aber auch Motive aus der Literatur, wie das vom Pakt mit dem Teufel, dem der Mensch verfällt, wenn er sich mit ihm einlässt, oder die Erscheinung des Teufels als Jägersmann. Hier gilt als sicher, dass er an die gleichnamige Novelle von A. F. E. Langbein (1819) anknüpft. Aber gerade der Vergleich mit der Langbein-Novelle zeigt, »was von Gotthelf geleistet wurde, wobei sich die mythische und dichterische Kraft kaum voneinander trennen lassen«.[3]

Bei Langbein wird der Teufel, ebenfalls in Gestalt einer Spinne, aus dem Astloch einer Königstanne im Wald befreit.

Doch gelingt es einem jungen Förster, um dessen Braut des Teufels Sohn buhlt, ihn auf listige Weise ohne die geringste Gefahr für Leib und Leben in die Tanne zurückzubannen. Langbein stattet die Handlung mit schwankhaften Zügen aus, indem alle dem Teufelsspuk verfallenen Personen am Ende als Geprellte und Betrogene dastehen, und auch der Teufel selbst nur ein dummer, leicht zu überlistender Tölpel ist. Demgegenüber wird der Teufel bei Gotthelf dort handlungsbestimmend, wo der Mensch auf unbillige Weise über den Mitmenschen herrscht und so zu einer fundamentalen Bedrohung der bestehenden Gemeinschaft wird. Originärer Verursacher des Geschehens ist der Ritter Hans von Stoffeln. Nicht die Forderung von Fronarbeit an sich ist Anlass für die Not der Bauern, sondern die Maßlosigkeit seiner Forderung. Die intakte Gemeinschaft der Bauern lehnt sich deshalb auch nicht gegen den Ritter auf, sondern kommt gehorsam den Forderungen nach, obwohl der Schlossbau sie bereits überforderte. An der Werthaftigkeit der bestehenden hierarchischen Ordnung lässt Gotthelf keinen Zweifel aufkommen, wohl aber an der mangelnden Verantwortung des Ritters gegenüber den seiner Herrschaft anvertrauten Bauern. Die Bedrohung erwächst daher aus Maßlosigkeit, Egoismus und Verantwortungslosigkeit, aber auch aus mangelnder Solidarität. So ist die Ausgrenzung Christines aus der Gemeinschaft, die sie nach der Begegnung mit dem Grünen bitter beklagt, eine weitere Ursache für den Pakt mit dem Bösen und für die hybride Selbstüberschätzung ihrer eigenen Fähigkeiten und Möglichkeiten, durch die der Fortbestand des Gemeinwesens gefährdet wird. Rettung bringt allein Selbstlosigkeit und Opferbereitschaft gottesfürchtiger Menschen. Die Ursachen der Bedrohung liegen in den Menschen, die sich in egoistischer Selbstüberschätzung falsch entscheiden und deren solidarisches Verhalten angesichts von Angst und Bedrohung auseinander bricht. Die beiden Binnenerzählungen zeigen die Bedrohung der menschlichen Gemeinschaft durch Maßlosigkeit von außen in einer feudalistisch bestimmten Gesellschaft und Ordnungslosigkeit von innen in einem bäuerlich-patriarchalischen Gemeinwesen.

Demgegenüber entwirft Gotthelf in der Rahmenerzählung bewusst eine idyllische, intakte Gemeinschaft, deren Bestand so lange gesichert ist, wie das Böse im schwarzen Fensterpfosten gebannt bleibt, der als mahnendes Symbol stets gegenwärtig ist. Für Gotthelf besteht kein Zweifel, dass dies nur geschieht, wenn der Mensch an dem festhält, was Moral und Sitte vorschreiben, und wenn durch Gerechtigkeit das gegenseitige Vertrauen gestärkt wird. Das Gemeinwesen ist darauf angewiesen, dass jeder gewissenhaft die ihm zugefallene Aufgabe erfüllt. Standfestigkeit im Innern bannt die Bedrohung von außen. Die Idylle der Rahmenerzählung stellt die intakte Familie in den Mittelpunkt. Dem Teufelsspuk der Binnenerzählungen wird das Tauffest gegenübergestellt, die Feier zur Aufnahme des Kindes in die Gemeinschaft der Christen: der Gegensatz von Gut und Böse tritt in Gotthelfs Novelle als Erzählprinzip stark hervor. Die Rahmenidylle, von Gotthelf bewusst als Utopie gestaltet, weist dem Einzelnen die Richtung seiner Handlungsentscheidungen zu, die sich niemals gegen die Gemeinschaft als hohes Gut richten dürfen.

Die Rahmenidylle als Utopie

Wer sich gegen die Gemeinschaft entscheidet, stellt sich außerhalb und verliert ihren Schutz. Schutzwürdig aber erweist sich nur der, der seine Verantwortung für das Gemeinwohl an seinem Platz übernimmt.

Gotthelf hat mit seiner *Schwarzen Spinne* auf die bestehenden Gefahren in seiner Zeit aufmerksam gemacht und eine Lösung im Festhalten an Religion und Sitte gesehen. Seine Lösungen sind unter Umständen nicht die Lösungen für eine moderne Gesellschaft. Sollten Gotthelfs Lösungen aber ihren Sitz in unserem Leben verloren haben, lohnte es sich darüber nachzudenken und darüber zu diskutieren, welche anderen an ihre Stelle treten sollten. Wo, wenn nicht im Unterricht, wäre dafür der angemessene Ort?

> Die schwarze Spinne: *Lektüre für die Gegenwart?*

2. Inhalt

Es ist Frühling im engen Tal, dem Blick zeigt sich ein mustergültig gepflegtes, reinliches und stattliches Haus, das innen und außen mit Leben erfüllt ist. Die Bewohner, der Großvater, die Großmutter, das Gesinde, Knechte und Mägde legen letzte Hand an die Vorbereitung einer Kindtauffeier, während im Innern des Hauses von der Hebamme gekocht und gewirtschaftet wird, um den erwarteten Taufpaten, der jungen Götte und den beiden männlichen Göttenen, dem Brauchtum entsprechend, ein Mahl zu bereiten, wie es der Sitte, der Behaglichkeit und dem Wohlstand der Eltern angemessen ist.

Als man sich endlich mit dem Säugling auf dem Weg zur Kirche befindet, alle vorgeschriebenen Rituale beachtend, entdeckt die Götte, dass sie nicht nach dem Namen des Bübchens gefragt hat, dem Pfarrer daher nicht Auskunft geben kann, wie es Brauch ist. Jetzt nachfragen darf sie nicht mehr, weil dann das Kind neugierig werde. Der Taufakt verläuft jedoch ohne Zwischenfälle. Der Pfarrer kennt den Namenswunsch der Eltern, und so kann man nach der Taufe und der Predigt getrost den Rückweg über die wohlbestellten Felder antreten, Stolz eines im Tal noch gesunden Bauernstands und gottesfürchtiger Menschen.

Im Haus angekommen, erwartet die Paten und die zahlreich geladenen Gäste ein Mahl, das in seiner Speisenfolge einschließlich aller Zutaten vom Erzähler, versetzt mit kleinen Anekdoten aus der Nachbarschaft, gastfreundlich dargeboten wird.

Die Reichhaltigkeit der Speisen gebietet eine Unterbre-

chung des Mahls. Die Gäste begeben sich mit dem Großvater in den Garten, von wo aus der Blick auf das neue
Haus fällt, was einen Gast zu der Frage nach
dem unpassenden, schwarzen Pfosten in der
sonst neuen Umgebung veranlasst. Nach
anfänglichem Zögern entschließt sich der
Großvater, die Geschichte des dunklen Pfostens wahrheitsgemäß zu erzählen, weil die

*Frage nach der
Bedeutung
des schwarzen
Pfostens*

Kenntnis um dessen Bewandtnis den Bewohnern des Tals
und des Ortes Sumiswald sehr nützlich sein könne bei der
Bewahrung von Glauben und Gottesfurcht.

Die Geschichte des Großvaters hat sich
vor 600 Jahren, zur Zeit der Kreuzzüge und
Kreuzritter zugetragen. Die Bauern waren
zu dieser Zeit unfrei und leibeigen, zu Fronarbeit für die herrschende Ritterschaft nach

*Die erste
Geschichte des
Großvaters*

deren Gutdünken verpflichtet. Der aus dem Heidenkrieg
zurückgekehrte Ritter Hans von Stoffeln aus
Schwaben, ein wüster Ordensritter, rück-
sichtslos, wild und hart gegen die Bauern
des Tals, verlangt von ihnen den Bau eines
Schlosses auf dem kahlen Bärhegenhubel.

*Der Hochmut
des Ritters
Bau des Schlosses*

Nachdem die Bauern diesen Frondienst
geleistet, ihre eigenen Felder aber darüber haben vernachläs-
sigen müssen, so dass Frauen und Kinder hungern, verlangt
er von ihnen einen weiteren Dienst. In Monatsfrist sollen
die Bauern unter Androhung der härtesten Strafen bei
Nichterfüllung hundert ausgewachsene Buchen für einen
Schattengang auf den Schlossberg transportieren und dort
anpflanzen. Der unter den bestehenden Bedingungen kaum
ausführbare Auftrag ruft bei den Fronbauern namenlose
Verzweiflung hervor. Unter wildem Gelächter der trin-

kenden und tafelnden Ritter machen sie sich auf den Heimweg. Da erscheint im Dämmerlicht an einer Wegkehre ein grüner Jäger, lang und dürr, eine rote Hahnenfeder am Hute, im dunklen Gesicht ein rotes Bärtchen, eine gebogene Nase über dem zugespitzten Kinn, und fragt nach der Ursache ihres Jammers. Als die Bauern ihm endlich zögernd den Grund ihrer Verzweiflung nennen – sie können ihre Felder wieder nicht bestellen, Frauen und Kindern droht bei erneutem Ausbleiben der Ernte der Hungertod –, bietet der Grüne ihnen einen Handel an: Er will die Buchen mit seinem Gespann vom Kilchstalden, diesseits von Sumiswald aus auf den Schlossberg schaffen und dort anpflanzen, im Gegenzug aber verlangt er von ihnen ein ungetauftes, neugeborenes Kind. Die Bauern erkennen in ihm den Teufel und sprengen auseinander. Er aber bietet ihnen Bedenkzeit und will am dritten Tag am selben Platz ihre Entscheidung erwarten. Bekümmert gehen die Bauern heim. Sie unterrichten ihre Frauen zögernd über das Geschehene und stoßen auf die Ablehnung des Handels. Nur Frau Christine, eine Lindauerin, zeigt sich aufgeschlossen. Zunächst aber wollen die Bauern aus eigenen Kräften das Werk angehen. Doch Missgeschicke in großer Anzahl verhindern, dass sie auch nur den kleinsten Teil der Arbeit schaffen, die notwendig wäre, um die Frist einzuhalten. Am Abend des zweiten Tages haben sie nicht drei Bäume zur Stelle gebracht, ihr Gerät ist zerbrochen, ihre Kraft erschöpft. Mutlos sitzen einige am Wegesrand, als Christine, die Lindauerin, des Hornbachbauern Ehefrau, mit einem Korb voll Speisen kommt, um ihnen Essen zu bringen. Als sie die Verzweiflung der Män-

Der grüne Jäger

Christines, der »Fremden«, Handel mit dem Grünen: Spanndienste gegen ein ungetauftes Kind

ner sieht, verlangt sie, die Sache anders anzufassen, was ihr der plötzlich erschienene Grüne bestätigt, während die Männer erschreckt davonrennen. Nachdem sie später den versammelten Männern und Frauen die Notwendigkeit des Handels mit dem Grünen vorgestellt hat, mit der Möglichkeit, den Grünen um den Lohn zu betrügen, ist sie es, die am dritten Tag unter Toben und mit Tosen eines Gewitters den Handel mit ihm eingeht; *Der Kuss* dieser besiegelt ihn mit einem Kuss auf Christines Wange, der ihr wie Feuer, Donner und Blitz durch den Leib fährt.

Zurück bei den versammelten Dorfbewohnern, beklagt sie ihr Leben unter ihnen, die sie als Fremde stets ablehnten und denen sie nun einen Ausweg aus der Not gebahnt hat. Die Buchen sollen bis zum Kirchstalden gebracht werden, das weitere übernimmt der Grüne. Die Geburt eines Kindes wird nach ihrem Wissen nicht erwartet. Später wird man auf eine List sinnen, den Grünen zu prellen. Den Kuss aber verschweigt sie.

Das Werk wird ohne Zwischenfälle vollendet. Die am Kirchstalden abgelegten Buchen sind tags darauf am Schlossberg gepflanzt, binnen Monatsfrist ist die letzte Buche an ihrem Platz. Nur beim Vorbeiführen der Buchen an der Kapelle und am Kirchhof tönt die Glocke wie die Totenglocke. Fuhrdienste können nicht ausgemacht werden, und Beobachter, die dem Geheimnis des Transports auf die Spur kommen wollen, werden von unsichtbarer Hand außer Gefecht gesetzt. Nur ein unschuldiges Kind hat gesehen, wie die Buchen von roten Eichhörnchen gezogen, durch die Luft auf den Schlossberg geflogen sein sollen. Als das Werk vollendet und die Furcht vor einer Hinterlist des Grünen verflogen ist, jubeln die Bauern. Der Ritter jedoch mag sich an der Allee nicht erfreuen, grausige Kälte weht ihn darin an.

Zu dieser Zeit aber rückt die Niederkunft einer jungen Frau heran, die in großer Furcht vor dem Grünen lebt. Ihre Gottesfurcht, Gebete und die Anwesenheit des Priesters mit dem Allerheiligsten sollen das Kind bei der Geburt vor dem Zugriff des Grünen schützen. Als dem mutigen Priester in der Beichte der Pakt mit dem Bösen zu Ohren kommt, ist er auch sogleich bereit, den Kampf um die Seele des Kindes zu führen.

Niederkunft einer jungen Frau

Die Seelenrettung gelingt, und ein Fest wird veranstaltet, in dessen Verlauf das Kussmal auf Christines Wange zu brennen beginnt und sich in der Folgezeit unter unerträglichen Schmerzen zu einem immer größer heranwachsenden schwarzen Höcker verformt. Je näher der Geburtstermin eines weiteren Kindes kommt, umso ähnlicher wird das Mal einer behaarten Kreuzspinne. Die Dörfler meiden Christine, diese aber setzt alles daran, sie von der Notwendigkeit des Kindsopfers zu überzeugen. Ihr Ansinnen wird von allen zurückgewiesen. Als der Priester abermals zu der Gebärenden unterwegs ist, wirft sich Christine ihm in den Weg. Der aber wehrt sie ab und kann abermals den Säugling taufen, Christine jedoch gebiert aus ihrer Wange eine Spinne, die augenblicklich unzählige Spinnen aus sich heraussetzt, die sich in Windeseile in der Gegend verteilen. Von nun an herrscht im Tal Furcht und Not. Wo die Spinnen erscheinen, ist der Tod in den Ställen und bei den Herden des Ritters und der Bauern. Der Zusammenhang zwischen Christines Teufels-

Christines Kussmal brennt und gebiert eine Spinne

Die Spinne bringt den Tod

pakt und den Geschehnissen wird allmählich klar, und um
die Not abzuwehren, beschließt man, mit dem nächsten
Kind den Pakt zu erfüllen. Obwohl die junge Frau, Christines Schwägerin, und deren Schwiegermutter sehr wach-
sam sind, gelingt Christine der Raub des Kindes, während
der Kindsvater bewusst säumig den Priester herbeiholt.
Während eines gewaltigen Unwetters sieht der Priester, an
der Kapelle vor dem Dorf angekommen, Christine mit dem
Kind dem Grünen zueilen. Mit äußerster Anstrengung
gelingt es ihm, durch Weihwasser und Anrufung der
Dreifaltigkeit den heulenden Grünen zu vertreiben und
Christine das Kind zu entreißen. Die aber
schrumpft zu einer großen schwarzen Spinne, die sich über den Säugling hockt. Die
brennenden Schmerzen nicht achtend, ergreift der Priester die Spinne, schleudert sie
weit von sich, eilt mit dem Kind auf die Mut-

*Christine wird
selbst zur Spinne
und will
das Kind opfern*

ter zu und tauft es. Aber die Berührung mit der Spinne lässt
Hand und Arm absterben. Er und alle, die zukünftig mit ihr
in Berührung kommen, erleiden den Tod.
Unberechenbar taucht sie überall auf, und ein
wahlloses, großes Sterben hebt an, dem die
Ritter und die Dorfbewohner gleichermaßen

*Die Spinne
wütet weiter*

ausgesetzt sind. Auch der Feldzug eines jungen polnischen
Ritters gegen die Spinne endet mit dessen Tod. Ahnungslos
trägt er sie auf seinem Helm über Berg und Tal, eine wilde
Flucht auslösend, während sie sich mit ihren Spinnenbeinen
durch das Eisen in sein Hirn brennt. Auf dem Kopf des
Hans von Stoffeln sitzend, erscheint sie an der Tafel im
Schloss und tötet durch Berührung alle Ritter. Wo sie er-
scheint, löst sie Panik und Flucht aus, und die ermatteten
Körper sind ihr leichte Beute. Alle Versuche, sie durch Waf-

fen zu Tode zu bringen, scheitern. In der jungen Frau aus Christines Haus, deren beide Kinder durch rechtzeitige Taufe vor dem Zugriff des Grünen gerettet worden sind, reift allmählich der Entschluss heran, die Rettung aus der Not zu versuchen. Besonders auch zur Rettung ihrer beiden Kinder trifft sie Vorbereitungen zum Einsperren der Spinne. Sobald diese in ihrem Haus erscheinen sollte, will sie sich opfern. Vorsorglich bohrt sie ein Loch in einen Holzbalken, legt einen Zapfen für dessen Verschluss und einen Hammer zurecht, und als die Spinne endlich auf dem Deckbett ihres schlafenden kleinen Sohns sitzt, greift sie zu und verbannt sie unter Aufopferung des eigenen Lebens in den Pfosten. Von nun an ist auch der schwarze Tod im Tal gebannt.

Die schwarze Spinne wird eingeschlossen

Die Erzählung des Großvaters, die bei den Zuhörern Schauder und Beklemmung ausgelöst hat, ist beendet. Nur zögerlich kehrt man zur Fortsetzung des Taufmahls an die Tafel zurück, nachdenklich und den Platz vor dem dunklen Balken ängstlich und respektvoll meidend. Schließlich nimmt der Großvater diesen Platz ein und macht so deutlich, dass von der Spinne unter den gegebenen gottesfürchtigen Umständen im Tal nichts zu befürchten sei. Auf die Frage des Vetters, ob die Spinne in den vergangenen 600 Jahren nicht mehr freigekommen sei, erzählt der Großvater, während das Taufmahl seinen Fortgang nimmt, eine zweite Geschichte.

Ende der Erzählung des Großvaters

Die zweite Erzählung des Großvaters

Nach 200 Jahren des Glücks, der Gottesfurcht und der Vermehrung des Reichtums der Bauern – auf dem Schloss hatten gottesfürchtige und menschenfreundliche Herren re-

giert – gewinnen Hoffart und Hochmut erneut die Ober-
hand im Tal. Sie zeigen sich in Verschwendung, Bauwut und Härte gegen das Gesinde,
dem man die Arbeit überlässt, während die
Bauern selbst sich dem Müßiggang und dem
Wohlleben verschreiben. Wieder ist im Haus
des Erzählers eine Frau aus der Fremde die
Meisterin. Ihr Mann ist vor der Zeit unter

*Nach 200 Jahren:
abermals regieren
Hochmut und
eine Frau aus der
Fremde im Haus*

ihrem Regiment gestorben und ihr Sohn Christen steht
ebenfalls unter ihrer Herrschaft. Sie sucht ihm die Frau aus
ihrer Verwandtschaft aus, und obwohl er rechtschaffen ist,
kann er sich der beiden herrschsüchtigen Frauen nicht er-
wehren. Sie planen und bauen ein neues, prächtiges Haus
und überlassen das alte dem Gesinde, das darin gottlos und
wüst haust. Die Knechte ängstigen die Mägde und machen
sie sich zu Willen, indem sie mit dem Öffnen des Zapfens
im Spinnenbalken drohen. Als die Drohungen allmählich
ihre Wirkungen verlieren, löst ein besonders frecher, dem
Grünen äußerlich ähnlicher Knecht aus der
Fremde, am Weihnachtstag den Zapfen aus
dem Balken, während sich Christen auf dem
Heimweg von der Messe befindet. Die Spinne kriecht aus dem Loch, läuft über die ent-

*Die Spinne wird
befreit und wütet
noch furchtbarer*

setzten Gesichter der Knechte und Mägde, dann ins neue
Haus und löst Geschrei und Sterben aus. Christen, der das
Wehgeschrei von Frau und Mutter vernimmt, eilt herbei,
findet die Frauen und das Gesinde vom Tode gezeichnet
und den Zapfen mutwillig entfernt. Seine Kinder und ein
angenommenes Bübchen sind jedoch noch unversehrt, aber
aus den Häusern des Tals dringen Notschreie. Diesmal
wütet die Spinne noch radikaler. Einmal in ein Haus oder
eine Menschenversammlung eingedrungen, verrichtet sie

ganze Arbeit. Alle Wut der Talbewohner lädt sich auf Christen ab, der bereit ist, die Schuld auf sich zu nehmen und zu sühnen. Mit seinen Kindern zieht er ins alte Haus zurück und wappnet sich, wie einst seine Vorfahrin, die Spinne erneut einzuschließen. Aber sie bleibt aus. Eine junge Frau, die kurz vor der Niederkunft steht und um das Leben ihres Kindes fürchtet, begibt sich wütend in Christens Haus und fluchend wird auf seiner Schwelle ihr Kind geboren, während sie sich selbst immer mehr der schwarzen Spinne anverwandelt. Christen entreißt ihr das Kind, um es zur Taufe in die Kirche nach Sumiswald zu tragen, gefolgt von dem unschuldigen kleinen Buben. Doch an der Kapelle sitzt auf dem Weg die Spinne und des Grünen Hutfeder leuchtet aus dem Gebüsch. Das Kind dem Buben überantwortend, stürzt er sich auf die Spinne und verschließt sie unter Qualen gegen den Widerstand des Weibs in dem alten Pfosten seines Hauses. Er und die Mutter des Kindes finden den Tod, das Kind aber wird nach seiner Taufe vom Priester und dem Buben zurückgebracht. Die Talbewohner, denen die Angst vor der Spinne erneut genommen ist, ehren Christen durch ein würdiges Begräbnis und die Rückkehr zu gottgefälligem Lebenswandel. Gegen Christens Kinder erweisen sie sich dankbar durch Vermehrung ihres Vermögens und ihre gottesfürchtige Erziehung. Seither ist die Spinne in ihrem Loch eingeschlossen.

Christen rettet das Kind und findet den Tod

Die Spinne ist für immer eingeschlossen

Rückkehr zu gottgefälligem Lebenswandel

Auf die Fragen der Taufgäste, ob es sich noch immer um das gleiche Haus handele, antwortet der Großvater: Man lebe schon lange nicht mehr in dem alten Haus, aber jeder

Bauherr, er selbst eingeschlossen, sei dem weisen Mann gefolgt, der beim ersten Neubau geraten habe, dem neuen Haus das alte Holz und den alten Sinn zu bewahren, um auch den alten Segen ins neue Haus mitzunehmen.

Inzwischen ist der Mond über dem Haus aufgegangen, aus dem sich die Taufgäste auf den Heimweg und dessen rechtschaffene Bewohner sich in den Schlaf begeben, aus dem sie am nächsten Morgen nicht die schwarze Spinne, sondern eine freundliche Sonne wecken wird.

Heimweg der Taufgäste

3. Personen

Die Personen der Rahmenhandlung

Der **Großvater**, ein ehrwürdiger Greis, ist als personaler Erzähler der beiden Geschichten von der schwarzen Spinne die profilierteste Person der Rahmenhandlung. Er ist der Besitzer des Hauses, das mit seinem Spinnenpfosten Ausgangspunkt aller Ereignisse bildet. Wie seine Vorgängerhäuser seit 600 Jahren steht es in der Mitte der »sonnenreichen Halde« (3) und seine jetzigen Bewohner führen in ihm ein gottesfürchtiges, sittliches Leben.

Als Patriarch der Familie ist der Großvater die absolute Autorität, nach deren Weisungen die Wirtschaft geführt wird, geprägt von Ordnung, Reinlichkeit und mit Wohlstand gesegnet. Drei Generationen leben mit den Mägden und Knechten unter einem Dach. Doch gewinnen die Personen kaum Eigenleben. Mit den ihnen im Rahmen von Brauchtum und Sitte zugemessenen Aufgaben werden sie vom auktorialen Erzähler vorgestellt. Die **Großmutter** an einem Tisch im Garten, Brot für die erwartete Taufgesellschaft schneidend, der **Vater** des Täuflings bei der Vorlage des Bratens beim Taufschmaus (91) und die **junge Mutter** im Haus streng die Regeln einer Wöchnerin befolgend (13). Der Charakter der Hausbewohner wird in ihren Anschauungen gespiegelt, die besonders dort hervortreten, wo es darum geht, mit der ständigen Gegenwart der Spinne, der stets drohenden Gefahr, zu leben. Doch ist sich der Rahmenerzähler der bis auf weiteres gebannten Gefahr sicher, solange die Bewohner ihren guten Sinn und ihre

Der Großvater

christliche Lebensführung beibehalten. Dass daran vorläufig kein Zweifel bestehen kann, verbürgt das Fest, das aus Anlass der Aufnahme eines neuen Erdenbürgers in die Gemeinschaft der Christen gegeben wird.

Auch die **Taufgesellschaft** bleibt insgesamt eher anonym. Das Ideal der christlichen Familie verwirklicht sich im sozialen Zusammenwirken, ohne dass der Einzelne in auffälliger Weise hervorgehoben würde. Sein Platz ist die Gemeinschaft, der er mit seiner ganzen Kraft dient. So wird eine bäuerlich agrarische Gesellschaft herausgearbeitet, die, durch Arbeitsamkeit und Fleiß zu Wohlstand gelangt, die Traditionen achtet und in ihnen lebt. Gotthelf verwendet ein Drittel der gesamten Erzählung auf die Darstellung der Rituale bei der Vorbereitung des Taufessens, des Taufzeremoniells und der Taufe selbst. Sie unterstreichen Selbstbewusstsein, Wohlstand und Wohlanständigkeit der Bewohner des Tals unter nicht selten humorvollen Verweisen auf die gesamte Wirtschaft, in der selbst die Hühner stolz sind (5). Guter Sinn und Frömmigkeit ist der Tenor in der Rahmenerzählung, und die Rechtschaffenheit aller geladenen Gäste wird durch Anspielung auf das Evangelium untermauert (19).

Die Taufgesellschaft

Deutlichere Konturen gewinnt die junge Taufpatin, die Götte. Sie erscheint reichlich spät im Haus des Täuflings, lässt sich nachdrücklich bitten, den vorgeschriebenen Essritualen nachzugeben, versäumt die Frage nach dem Taufnamen des Kindes und führt insgesamt kecke Reden mit dem jungen, unverheirateten männlichen Taufpaten auf dem Weg zur Kirche. Als Vertreterin der jüngeren Frauengeneration gibt sie einen Vorschein davon, dass Neues ins Tal einziehen und die altbewährten patriarchalen Gesellschaftsstrukturen erschüttern könnte. Sie ist es aber schließlich, die den Erzählungen des Großvaters den größten Respekt und gegen den Spinnenpfosten die auffälligste Zurückhaltung zeigt (90). Eine drohende Meisterschaft der Weiber, die in den Binnenerzählungen Not und Elend auslösen, ist auf diesem Weg in der Rahmenhandlung zurückgenommen.

Die Personen der ersten Binnenerzählung

Die vom Großvater vorgetragene erste Binnenerzählung spielt in der Ritterzeit. Die Bauern sind als Leibeigene ihrem adligen Herrn zu Fronarbeit verpflichtet. Der Willkür der Herrschaft ausgeliefert, bringt dies die Bewohner des Tals in große Not, weil sie dem aus Schwaben kommenden Ritter **Hans von Stoffeln** in dem einen Jahr ein Schloss erbauen und im nächsten den Schattengang errichten müssen, was die Bestellung der eigenen Felder verhindert und zur Hungersnot der eigenen Familien führen muss. Der als hart und aggressiv beschriebene Ritter führt auf dem Schloss ein wüstes Leben und besteht unbarmherzig auf allen Abgabeverpflichtungen der leibeigenen Bauernfamilien. Seine Unberechenbarkeit flößt den Bauern Respekt und Angst ein, da er keinen Widerspruch duldet und sich keinem Argument zugänglich zeigt. Kritik und Spott der mit ihm auf dem Schloss hausenden Ritter und Knechte fordern ihn zu immer frecheren Ansinnen gegenüber den Bauern heraus, die sich hilflos und schwach dem Willen der Ritterschaft unterwerfen. Schließlich ruft er durch seine Bosheit den Teufel selbst auf den Plan, dem er mit seinen Rittern und Knechten in Gestalt der schwarzen Spinne zum Opfer fällt.

Hans von Stoffeln

Als **grüner Jägersmann** erscheint der **Teufel** den Bauern, eine rote, schwankende Feder am Hut, im schwarzen Gesicht ein rotes Bärtchen, in dem es wie Feuer zu knistern scheint, und zwischen der gebogenen Nase und dem zugespitzten Kinn spitzt sich der Mund wie ein

Der Teufel als grüner Jägersmann

Pfeil. Durch schlaues Verhalten, Anteilnahme an der Not der Bauern heuchelnd und Drohgebärden gegen das Schloss richtend, erfährt er den Grund ihrer Verzweiflung und bietet ihnen den teuflischen Handel an: Hundert ausgewachsene Buchen auf den Schlossberg gebracht und verpflanzt für ein ungetauftes Kind. Diese Forderung verrät den Bauern die Identität des Grünen, sie rennen davon, berichten später verstört ihren Frauen von der Begegnung und ernten namenlose Angst und Wehgeschrei (32–36).

Christine, die Frau des Hornbachbauern, die aus Lindau am Bodensee ins Tal gekommen ist, genießt im Dorf wenig Achtung. Sie selbst formuliert

Christine

ihre Stellung unter den Frauen, als diese in ihrer zur Schau getragenen Beherztheit die Möglichkeit der eigenen Rettung sehen und endlich »die ganze Versammlung vor ihr wie auf den Knien lag mit Bitten und Flehen« (48). Sie beklagt, als Fremde im Tal übel geplagt worden zu sein. Die Frauen hätten ihr einen üblen Namen angehängt, und die Männer hätten dies widerspruchslos hingenommen. Nun, wo man ihren Mut gebrauchen könne, bürde man ihr die Verantwortung auf. Käme es gut, würden sie ihr den Dank versagen, ginge es schlecht aus, ihr alle Schuld aufladen. Christine ist die Frau, die Widerspruch gegen die Schicksalsergebenheit der Männer einlegt, bereit, sich zu wehren gegen die ungeheuren Forderungen des Ritters ebenso wie gegen die von der Dorfgesellschaft erfahrene

Zurücksetzung. Wenn sie anstelle der Männer handelt, so tut sie dies nicht zuletzt, um der allgemeinen Not zu begegnen, doch wird in der Folge überdeutlich, wie sehr sie ihre Möglichkeit, den Grünen zu überlisten oder zu hintergehen, überschätzt hat. Die ihr entgegengebrachten Komplimente des Grünen, »so ein schön Weibchen« und sein »zärtlich Gesicht« (41) schmeicheln ihrer weiblichen Eitelkeit und bestärken ihre Meinung, mit weiblichen Waffen seine Forderungen abmildern oder umgehen zu können. Die Dorfversammlung billigt im Nachhinein das Verhalten Christines, wenngleich sie das volle Ausmaß ihrer bereits gegebenen Versprechungen nicht erfährt und sich gern von der Möglichkeit täuschen lässt, den Handel mit dem Teufel nicht erfüllen zu müssen. Man kann daher sagen, dass Christine stellvertretend für alle den Pakt mit dem Grünen schließt und durch einen Kuss des Grünen auf ihre Wange besiegeln lässt. Im weiteren Verlauf muss sie allerdings erfahren, dass sie allein die Folgen dieses Kusses zu tragen hat, und lässt deshalb nichts unversucht, den Handel mit allen Mitteln einzulösen. Vor der Geburt des dritten Kindes gelingt es ihr, den Kindesvater zur Säumigkeit beim Herbeirufen des Priesters zu überreden, um das Kind zu rauben und es eigenhändig dem Grünen zu übergeben. Egoistische Gründe bewegen sie zu dieser unerhörten Tat, denn sie möchte sich endlich von dem schmerzenden Brandmal auf ihrer Wange befreien. Für das Dorf aber wird sie zum Inbegriff des bösen Weibes, das Tod und Verderben über das Tal bringt, indem sie zunächst die schwarze Spinne und deren ungezählte Spinnenbrut aus dem Mal auf ihrer Wange gebiert, und schließlich nach dem missglückten Raub des ungetauften Kindes selbst zur Spinne wird und so lange verheerend unter den Menschen der Gegend wütet, bis sie durch das Selbstopfer der jungen Mutter in den Balken gebannt wird.

Gegenspielerinnen Christines sind die gottesfürchtigen jungen Mütter und die Großmütter, die um die Gotteskindschaft der Neugeborenen kämpfen. Sie wehren sich gegen die Herausgabe der Kinder durch Gebete und fromme Listen. Von Anfang an stehen sie auf der Seite des Guten, und gemeinsam mit ihnen nimmt der **Priester** den Kampf gegen den Grünen auf. Mit den heiligen Insignien des Glaubens kann er zwar den Grünen aus dem Felde schlagen und die Seelen der drei Kinder retten, nicht aber unter der giftigen Berührung der Spinne sein eigenes und das Leben des dritten Kindes.

Gegenspieler Christines

Insgesamt gewinnen die Personen kaum individuelle Züge. Es geht um die Kontrastierung von Gut und Böse, wobei das Böse ausführlicher zur Darstellung kommt, um sein Erkennen und Wiedererkennen zu gewährleisten.

Die Personen der zweiten Binnenerzählung

Die zweite Binnenerzählung spielt zweihundert Jahre später am gleichen Ort, aber in einer veränderten Gesellschaft. Die Herrschaft der Ritter ist gewichen, die Bauern sind ihre eigenen Herren und haben es seit der Verbannung der Spinne in den Pfosten durch Gottesfurcht, Fleiß und »Rechttun« (95) zu Wohlstand und Reichtum gebracht. Dann aber bringen die als »Meisterweiber« titulierten Frauen um Christen Hochmut und Hoffart ins Tal und vergessen Gott wie die Israeliten im Tanz um das goldene Kalb (96). Im Haus mit dem Spinnenpfosten hat die Frau das Regiment übernommen. Ihr Mann ist früh verstorben, und seither bevormundet sie ihren Sohn **Christen**, der keine Entscheidung ohne ihre Einmischung treffen kann. Er ist im Gegensatz zu seiner Mutter gottesfürchtig und ehrbar, sie aber verheiratet ihn mit einer Verwandten. Seither haben die beiden hochmütigen und hoffärtigen Frauen die Meisterschaft in Haus und Anwesen. Auf ihr Geheiß entsteht ein neues, prächtiges Haus in der Nachbarschaft des alten, das dem Gesinde allein überlassen bleibt.

Das Gesinde Wie die Frauen, so wird auch das **Gesinde** als arbeitsscheu und zügellos dargestellt, vergleichbar einem »Rudel Katzen« (100). Knechte und Mägde sind gottlos, quälen das Vieh, verhöhnen den Gottesdienst und versündigen sich an den Gaben Gottes durch Verschwendung und wüstes Leben. Um sich die Mägde gefügig zu machen, drohen die Knechte mit dem Lösen des Zapfens aus dem Spinnenbalken im alten Haus.

Besonders ein **Knecht unbekannter Herkunft** tut sich durch Drangsal und Herrschaft gegenüber *Der Knecht* den Mägden hervor. Seine äußere Beschreibung rückt ihn in die Nähe des Grünen, und sein Lachen ist das des Teufels selbst (103). Er tut sich hervor durch Quälen des Viehs und Aufwiegeln der Knechte gegeneinander. Wohl gelitten ist er nur bei den Frauen im neuen Haus, aber sein Aufenthalt dort wird ihm von den Mägden verübelt.

Als am heiligen Abend anstelle des Kirchgangs ein wüstes Fest im alten und neuen Haus unter Lästerung alles Heiligen und Verspottung des Priesters begangen wird, entfernt dieser Knecht in Raserei gegen die Mägde den Zapfen aus dem Balken.

Die Spinne, »aufgeschwollen im Gifte von Jahrhunderten« (103 f.), bricht unter Donner aus dem Loch und impft den entsetzten Frevlern im alten wie im neuen Haus den giftigen Tod ein. Neues Entsetzen, Tod und Verderben verbreiten sich erneut im Tal unter der noch unberechenbarer wütenden Spinne.

Für das Geschehene wird **Christen** im Dorf verantwortlich gemacht. In sein Haus stürzt sich vor der Geburt ihres Kindes in verzweifelter Wut die **schwangere Frau,** als der nach dem Priester ausgeschickte Ehemann nicht zurückkommt. Sie erinnert in ihrem Äußeren und in ihrer Raserei an Christine (109) und bringt unter Fluchen einen Sohn zur Welt. Christen sieht aus ihren verzerrten Zügen die Spinne heraustreten. Daher bemächtigt er sich des Kindes zu dessen Rettung und macht sich eilig auf den Weg zur Kirche, um es taufen zu lassen, begleitet von einem unschuldigen, von ihm angenommenen Bübchen. Aufgehalten von der Spinne und angesichts des Grünen übergibt er geistesgegenwärtig das Kind dem Buben, während er die Spinne ergreift und sie unter Todesqualen in ihr Loch im Pfosten zurückdrängt, dessen Verschluss ihm mit letzter Kraft gelingt. Sein selbstloses Opfer wandelt noch einmal die Menschen im Tal zum Guten.

Christen

4. Werkaufbau, Sprache, Gattung

Strukturskizze

Erzähl-gegenwart	1. Rück-blende	Erzähl-gegenwart	2. Rück-blende	Erzähl-gegenwart
Öffnen des Rahmens	1. Binnen-erzählung	Hauptmahl des Tauftages	2. Binnen-erzählung	Schließen des Rahmens
Am Morgen des Tauftages in Erwartung der Taufpaten	Vor 600 Jahren zur Zeit der Ritterherr-schaft über die Bauern		Vor 400 Jahren zur Zeit der freien Bauern-schaft	Am Abend des Tauftages Ausblick
3,1–26,21	26,22–89,2	89,3–93,13	93,14–113,22	113,23–117,13

▌ Gotthelfs Erzählung *Die schwarze Spinne* zeigt einen modellhaft parallel geführten Aufbau. Haus und Garten des Ortes, an dem die Spinne, gebannt in den Pfosten, lebt, sind Schauplatz der Ereignisse. Vorgetragen wird die Rahmenerzählung von einem allwissenden Erzähler mit Innensicht in seine Personen. Die Helden der Geschichte, denen die Bannung der Spinne gelang, eine junge Mutter in der ersten Binnenerzählung, ein junger Vater in der zweiten, sind ebenso Bewohner der Häuser vor diesem Haus gewesen wie der Großvater mit seiner Großfamilie, der die bei-

Der Schauplatz der Erzählung

den in der Vergangenheit spielenden Geschichten vom Wirken der schwarzen Spinne im Tal vorträgt. Selbst die Spinne ist letztendlich durch Christine aus diesem Ort hervorgegangen, einer Fremden zwar, aber verheiratet mit dem Hornbachbauern, dem damaligen Besitzer des Hauses.

Die titelgebenden Binnenerzählungen sind Rückblenden. Sie werden klassisch gerahmt von der Darstellung des Tauftags vom Morgen bis zur Nacht, vom Sonnen- bis zum Mondesaufgang. Die letzten Sätze geben einen tröstlichen Ausblick auf den nächsten Tag, an dem eine freundliche Sonne die Schläfer wecken wird.

Binnenerzählungen = Rückblenden

Die Unterbrechung zwischen den beiden Rückblenden schafft die Verbindung zwischen den beiden Binnenerzählungen, indem sie einmal den Rahmen der ersten Binnenerzählung schließt, und angesichts des Pfostens, in den die Spinne gebannt ist, die zweite Binnenerzählung eröffnet. Man ist aus dem Garten, dem Erzählort der ersten Geschichte, ins Innere des Hauses zurückgekehrt, um das unterbrochene Taufmahl fortzusetzen. Während des Mahls trägt der Großvater die Erzählung von der Wiederkehr der Spinne und ihrer erneuten Verbannung vor.

Der Rahmen stellt eine biedermeierliche Idylle dar. Sie schildert das behagliche, friedvolle Glück der Hausbewohner. Sie leben in einem spannungsfreien Naturraum. Die Erzählung setzt ein mit dem Sonnenaufgang über einem freundlichen, engen Tal, in dem die Vögel singen und mit dem Nestbau beschäftigt sind. Natur und Mensch bilden eine Einheit, der Blick wird aus der Naturidylle zur Idylle um das Haus und seine Bewohner draußen und drinnen gelenkt. Das Weltgeschehen ist ausgeblendet,

Rahmen = biedermeierliche Idylle

alles Dargestellte verfolgt nur ein Ziel, vom Wohlstand seiner Bewohner im engen Rahmen des Tals zu künden und
von ihrer Gottesfurcht, dem Grundstein für Glück und
Segen. Taufmahl, Taufgesellschaft und Taufbrauchtum finden ihre Darstellung in aller Breite. Der häufige Rückgriff
auf Berner Dialektwörter betont die Enge und Abgeschlos-
senheit, eine Abschottung nach außen, woher man nichts
Gutes, bestenfalls nur eine Störung der eigenen Lebensvor-
stellungen erwartet. Dass es sich um eine bedrohte Idylle
handelt, kommt in der sichtbaren Existenz und Nähe des
Spinnenpfostens zum Ausdruck. Aus ihm kann die Spinne
jederzeit wieder hervorbrechen, wenn die Menschen die
Gefahr, die von ihr ausgeht, gering erachten oder gar vergessen. Diese Sorge formuliert der Großvater und macht sie
zum Anlass seines ausführlichen Berichts. Der Aufforderung des Vetters »die Wahrheit« und »einen aufrichtigen
Bericht […], punktum das Wahre« zu geben (26), kommt er
durch seine Erzählungen nach. Aber der Ausblick, mit dem
der Rahmen geschlossen wird, macht deutlich, dass die Bedrohung für die jetzigen Bewohner des Hauses nicht besteht, solange ihr Sinn sich nicht ändert. Der Tauftag hat
der Aufnahme eines neuen Erdenbürgers in die Gemeinschaft der Christen gegolten, er gewährleistet die Erziehung
einer neuen Generation in Gottesfurcht. Was aber geschieht,
wenn Gottesfurcht in Hoffart und Hochmut umschlägt,
davon berichten die Binnenerzählungen.

▎ Sie sind parallel gebaut und haben novellistischen Charakter. In beiden wird eine unerhörte Begebenheit mit phantastischen Zügen erzählt. In

Novellistische
Binnen-
erzählungen

gedrängter, einsträngiger Form erstattet der
Großvater Bericht. Er enthält sich persön-
licher Einmischung und Wertung. In geraff-

ter Exposition werden zunächst die un-
terschiedlichen zeitgeschichtlichen Hintergründe dargestellt. Hier kommt es nicht
in erster Linie auf die realgeschichtlichen Ereignisse an, sie
bleiben mit der Erwähnung der Ritter und ihrem Kampf im
Heidenland historisch ebenso ungenau wie der Einzug von
Hochmut, Hoffart, Verschwendung und Bauwut 200 Jahre
später. Die Anlässe für das Erscheinen des Bösen sollen
deutlich werden und zeigen, wie Böses unweigerlich Böses
nach sich zieht. Auffällig ist, dass das Böse immer von den
Fremden ausgeht (Hans von Stoffeln aus Schwaben und
seine Ritter und Knechte, der Grüne und Christine in der
ersten, die Meisterweiber, der fremde Knecht und die
Schwangere in der zweiten Erzählung).

> *Exposition*

Die Abwehr des Unheils gelingt dreimal, gefolgt von einer Steigerung der Plagen (Anwachsen des
Mals auf Christines Wange, Geburt der
Spinnen und Viehsterben, Verwandlung
Christines in die Spinne und Menschen-
sterben). Wortgewaltig und zügig wird
auf den Höhepunkt, die Katastrophe, hingearbeitet, bis
schließlich durch das freiwillige Opfer einer jungen Mutter die Spinne in den Pfosten gebannt und eine positive
Wende herbeigeführt wird.

> *Höhepunkt:*
> *Katastrophe –*
> *Positive Wende*

Die Wiederkehr der Spinne wird verursacht durch den
Verfall der Sitten, veranschaulicht an der wüsten Lebensführung der fremden Weiber und ihres Gesindes im Tal.
Gelöst wird der Zapfen vom fremden Knecht, einer mög-
lichen Reinkarnation des Grünen. Ihre Wiederkehr ist
gleichzeitig die Wiederkehr Christines im Medium der wütenden Schwangeren. Wieder kann nur durch das Selbstopfer Christens, eines jungen Vaters, die Wende aus der

Katastrophe herbeigeführt werden. Die erneute Verbannung der Spinne in den Pfosten geschieht parallel zur Seelenrettung des neugeborenen Kindes in der Taufe.

Die Wendung zum Guten gelingt in beiden Novellen. Verknüpft sind sie durch das zentrale Symbol der schwarzen Spinne, geboren aus der quasi erotischen Vereinigung Christines mit dem Grünen. Wie in Boccaccios *Decamerone*, dem klassischen Vorbild der Novellenform, wird zur Unterhaltung der Gäste und zur Überbrückung der Zeit erzählt. Leitmotivisch durchzieht die Forderung nach dem Festhalten am althergebrachten, christlichen Leben und den bestehenden guten Sitten des engen Tals die gesamte Erzählung. Anspielungen und Übernahmen aus der Heiligen Schrift, besonders aus der geheimen Offenbarung (Feuer und Gewitter) beim Paktabschluss mit dem Grünen und bei den Versuchen, ihn listig um die Einlösung des Paktes zu bringen, sind beiden Binnenerzählungen gemeinsam. Der Erzählstil ist breit und getragen. Gotthelf-Interpreten haben ihn als geistliche Rhetorikprosa charakterisiert und in die Nähe des lutherischen Bibeldeutsch gestellt.[4] Viele Archaismen durchziehen die Sprache. Der attributive Stil und der gewundene Satzbau haben zum Vergleich von Gotthelfs Stil mit den Epen Homers und dem bürgerlichen Epos Goethes geführt. Unbezweifelbar hält die wortgewaltige, spannungsgeladene Erzählweise Gotthelfs den Leser der Binnenerzählungen in ihrer zielgerichteten Darstellungsweise in Atem, während der idyllisch gestaltete, handlungsarme Rahmen ihn zwar beschaulich und weitschweifig empfängt, ihn aber am Ende der Erzählung überraschend schnell entlässt. Der Zweifel des Vetters am Wahrheitsgehalt der Geschichten wird dazu benutzt, den Lehrge-

Zentrales Symbol Schwarze Spinne

halt des Gehörten für die Gegenwart herauszustellen. »Sei jetzt daran wahr, was da wolle, so könne man viel daraus lernen«, so wird die Aussage des Götti, des jungen Taufpaten, indirekt wiedergegeben, als Aufforderung an Hörer wie Leser, das Gehörte zu beherzigen.

5. Wort- und Sacherläuterungen

3,19 **Futtergange:** Gang auf der Tenne, von dem aus das Vieh gefüttert wird.

4,5 f. **der Tag … Vater gegangen war:** Christi Himmelfahrt. Nach dem Kalender des Geistlichen Jahrs der Feiertag am 40. Tag nach Ostern.

4,29 **Zwilchfetzen:** Zwilch (Zwillich) bezeichnet sehr grobes Leinen.

4,30 **rotbrächten:** rotwangigen.

5,16 **Kachel:** Schüssel, Napf.

6,7 **Weinwarm:** altertümliche Berner Suppe, bestehend aus geröstetem Brot, Wein, Eiern, Zucker, Zimt und Safran. Sie wird warm gegessen.

6,10 **Gevatterleute** oder **Göttene:** männliche Taufpaten.

6,12 **Kachelbank:** wie 6,31 **Buffert:** Geschirrschrank.

6,20 **Wehmutter:** Hebamme.

7,6 **Anken:** Butter.

7,20 **Habküchlein:** Buttergebäck.

7,21 **Nidel** und 10,15 **Nidle:** Sahne, Rahm.
Hafen: irdener Krug für Milch oder Kaffee.

8,25 **Wartsäckleins:** Geschenksäckchen, in dem das Neujahrskind am 1. Januar Äpfel, Nüsse u. a. verteilte. Vergleichbar andernorts der Bescherung am Nikolaustag.

8,27 **Züpfe:** feines Gebäck, wie ein Zopf geflochten.

8,28 **Kindbetterin:** Wöchnerin, Mutter des Täuflings; 11,30 **Kindbettimann:** Vater des Täuflings; 24,4 **Kindbettileute:** Eltern des Täuflings; 12,5 **Kindbetti:** Taufschmaus.

8,32 **Drucke:** Schachtel, Kasten.

9,3 **Gottwillchen:** Gruß: aus »In Gott willkommen!« Andernorts: »Grüß Gott«.

10,4 **dem Nöten:** dem Nötigen, dem Aufdrängen von Speisen.

10,25 **versorgete den heißen Kaffee:** trank den heißen Kaffee aus.

10,28 **zweg:** Verkürzung aus ›zu Weg, unterwegs‹.

11,4 **verköstigen:** in Unkosten stürzen.

11,7 f. **verbeiständet:** Beistand geleistet, unterstützt.

12,1 f. **einen zwölfmäßigen Sack:** 1 Mäß (Getreidemaß) = 15 Liter. Der zwölfmäßige Sack fasst also einen Inhalt von 180 Litern.

12,26 **Dachbettlein:** ein übergroßes Kopfkissen als Wiegendeckbett nach der Kindtaufe, das von der Frau bereits in die Ehe mitgebracht wurde.

13,6 **nicht vor das Dachtraufe darf:** Dachtraufe: Vordach. Nach Sitte und Aberglaube setzte man sich sonst bösen Einflüssen aus und verscherzte das Glück.

13,13 **es gehe ... etwas krummes:** es gehe etwas schief.

13,29 **Fürtuch:** Schürze.

14,4 **Meien:** Maienstrauß.

14,23 **anwenden:** Sorgfalt verwenden.

14,31 f. **Bysluft:** kalter Nordwind.

15,31 f. **stellte man ab:** kehrte man ein.

17,6 **im Verschuss:** aus Versehen.

17,13 **angerebelt:** angerempelt, angeschnauzt.

17,14 **Meitschi:** Mädchen.

18,31 **Haberacker:** Haferfeld.

19,9 f. **glühte wie einer der drei ... Ofen:** Anspielung auf das Alte Testament (AT) Daniel 3: »Die drei Männer im Feuerofen«.

19,11 **Diensten:** Dienstboten.

19,26 **wie die Knechte ...:** Neues Testament (NT), Matthäus (Mt) 22,3.

21,2 **Kannenbirenschnitze:** Birnendörrobst. Kannenbirne: bezeichnet nach ihrer Form.

21,18 **Bescheid tun:** sich zutrinken.

21,23 **Gesundheitmachen:** sich zuprosten, auf die Gesundheit trinken.

21,29 **Schlärpli:** schwächliche Person.

22,5f. **so sei es austubaket:** so sei nichts mehr zu ändern.

22,23 **buhlte:** warb.

23,4 **tue ... durch:** überträfe ich.

23,11 **Tubaken:** Pfeife rauchen.

23,13 **Kegelten, ... Schießeten:** Kegelfeste, Schützenfeste.

24,19 **hoch verredet:** ein Ehrenwort gegeben.

25,10 **Vexier nicht:** Spaße nicht.

26,7 **Ätti:** Großvater.

28,28f. **Hubel:** Hügel.

29,1 **Heuet:** Heuernte.

29,2 **Säet:** Aussaat.

30,17f. **halbbatzige:** minderwertige, nur einen halben Batzen werte: 1 Batzen = 4 Kreuzer.

31,21 **Fluh:** Felswand.

33,10 **spretzelten:** sprühten, spritzten.

34,22 **abgekarrten Vieh:** heruntergekommenen Vieh; als Zugvieh nicht mehr geeignet.

35,1 **Kirchstalden:** Kirchweg.

35,31 **stäubten:** stoben auseinander.

38,21 **stättiger:** störrischer.

50,27 **Spule:** Radnabe, Befestigung für die Radachse.

52,23 **Egg:** lang gestreckter Höhenrücken.

53,10 **Urbanustage:** 25. Mai.

53,19 **Beize:** Falle.

53,21 **Küherbub:** junger Kuhhirt.

Zieger: Quark, Weißkäse.

54,24 **geküchelt:** Kuchen gebacken.

56,11 f. **es werde keiner gekrönet, er kämpfe dann recht:** NT, 2. Timotheus 2,5.

56,29 **entboten:** aufgefordert zu kommen.

58,24 **Höcker:** gewölbter Auswuchs.

58,32 **erwildet:** wild geworden.

60,16 **Wirbelsinnigen:** Wahnsinnigen.

60,19 **Sigrist:** Küster, Sakristan.

61,30 **gramselten:** krabbelten, wimmelten.

63,19 **Diele:** hier: Zimmerdecke.

68,30 **zweischneidend:** beidseitig geschliffen, zweischneidig.

69,19 **Fuder ausladen:** den Wagen fertig aufladen.

71,21 f. **juckte er vorwärts:** lief er weiter.

75,8 **das Heiligste,** 78,15 **das Allerheiligste:** (Sanctissimum), die geweihte Hostie.

75,16 **Hage:** Gebüsch, Hecke.

76,10 **Kalch:** Kalk.

81,7 **gesprengt:** überwunden.

81,20 **Sterbet:** Pestepidemie. 79 ff. die Schilderung erinnert an die Große Pest (1347–52), die das Aussterben von Generationen nach sich zog und zur Entvölkerung ganzer Ortschaften und Landstriche führte. 88,31 wird **der schwarze Tod** als Synonym für die Pest direkt genannt.

83,17 **sie stunden ihm:** sie blieben stehen und warteten auf ihn.

85,25 **zentnerige Steine:** zentnerschwere Steine.

87,23 f. **das Fleisch stärker als der Geist:** NT, Mt. 26,41.

89,20 **schmälen:** schmähen, schelten.

91,2 f. **so etwas trägt ... nichts mehr ab:** so etwas nützt nichts mehr.

95,30 f. **welkte nicht ... wie dem Jona seine Schatten-staude:** Anspielung auf AT, Jonas 4,6 f.

96,10 f. **die Israeliten ... ob goldenen Kälbern:** AT, 2. Mose 32.

97,9 **fast zweihundert Jahre:** Epidemie laut Sumiswalder Chronik von 1434 mit vielen Sterbefällen.

97,21 f. **Kilbi:** Kirmes, Volksfest.

98,7 **unheimeliger:** unheimlicher.

98,11 **vermachte:** verschloss.

99,18 **Hausräuki:** Festessen beim Einzug in ein neu erbautes Haus.

102,11 f. **wies ... auf:** hetzte, wiegelte auf.

112,31 **Gräbt:** Essen nach dem Begräbnis.

114,28 **Matten:** Wiesen.

116,22 **heimelig:** gemütlich.

6. Interpretation

Jeremias Gotthelfs Erzählung *Die schwarze Spinne* erschien erstmals in den *Bildern und Sagen aus der Schweiz* im Jahr 1842. Der Text hat viele Interpreten angeregt, sich mit ihm ausführlich zu beschäftigen. In dieser Interpretation wird es letztlich auch um eine Antwort auf die Frage gehen, warum ein inzwischen mehr als anderthalb Jahrhunderte alter Text noch immer Schullektüre ist. Schwer wird es nicht fallen, aktuelle Probleme in den Werken Gotthelfs zu entdecken, auch nicht in der *Schwarzen Spinne*.

Als Hintergrund für seine Erzählung wählt Gotthelf seine schweizerische Heimat. Er kennt sich sowohl in der Landschaft als auch in der Mentalität ihrer Bewohner genau aus.

Anders als die Klassiker und Romantiker, aber vergleichbar mit anderen Autoren der Restaurationszeit wie beispielsweise Annette von Droste-Hülshoff, wählt er einen real existierenden Schauplatz, die Landschaft im Nordosten des Kantons Bern, die von der Emme und Iflis durchflossen wird. Die Hauptorte des Emmentals sind Lützelflüh, die Pfarrstelle Gotthelfs, Sumiswald, der in der Novelle häufig erwähnte Kirchort, und Huttwil.

Realer Schweizer Schauplatz der Erzählung …

Der Bärhegenhubel, in der ersten Binnenerzählung der Ort des Schlossbaus und der Schattenallee, ist ein Bergrücken oberhalb von Sumiswald, und auch sonst erwähnte Orte und Plätze sind geografisch belegt.

Gotthelf unterstreicht dadurch den Wahrheitsgehalt des Geschehens und verstärkt auf diese Weise seine erzieherische Einflussnahme auf den Leser. Was wahr ist, daran ist nicht zu deuten: Der Wahrheitsgehalt des vom Großvater erzählten Geschehens wird denn auch noch vor Beginn der Binnenerzählungen und an ihrem Ende direkt angesprochen. Dem Großvater wird »die Wahrheit [...], punktum das Wahre« (26) abverlangt, und dieser Gedanke wird am Ende wieder aufgegriffen, wenn der Vetter sagt: »Es ist nur schade, dass man nicht weiß, was an solchen Dingen wahr ist« (116). Wenn aber der jüngere Götti sogleich unter Betonung der Lehrhaftigkeit der Erzählung den Zweifel zurückweist, so wird damit hervorgehoben, dass das Fortwirken der mit der Erzählung verbundenen erzieherischen Intention für die nächste Generation gesichert ist.

Auch der Rückgriff auf historische Hintergründe und Ereignisse unterstreicht den Wahrheitsgehalt des Erzählten. So war die zu Gotthelfs Zeiten in Sumiswald bestehende Armenanstalt eine um 1225 vom deutschen Orden gestiftete Kommende, Verwaltungssitz eines Deutschordensmeisters, und die Schweiz eine der elf Provinzen des Ordens. Die zu Beginn der Binnenerzählung angeführten Bezüge rufen diesen historischen Hintergrund ins Gedächtnis, sie sind für die Zuhörer nachprüfbar bis zu den Spuren einer altertümlichen Opferstätte auf dem Gipfel des Bärhegenhubels, dem Bergrücken über Wasen, einem Dorf, anderthalb Stunden von Sumiswald entfernt, deren Reste als Ruinen einer Burg angesehen wurden.

Historischer Hintergrund ...

... sollen Wahrheitsgehalt des Erzählten verbürgen

1338 ist ein Peter von Stoffeln als Komtur des Ordens urkundlich erwähnt. Sumiswald war von 1225 bis 1698 unter der Kontrolle der Deutschordensritter. Sie forderten als Landesherren von den leibeigenen Bauern den Zehnten,

Abgaben in Höhe des zehnten Teils der Grundstückserträge und unentgeltliche Hand- und Gespanndienste, die als Fron (Herrendienst) jederzeit und unbegrenzt geleistet werden mussten. Erst die Reformen des 19. Jahrhunderts führten zur Freiheit und einigem Wohlstand der Bauern. Dass dieser zu Gotthelfs Zeiten schon wieder gefährdet war, zeigten die ökonomischen und gesellschaftlichen Wandlungen des beginnenden Industriezeitalters. Es ist in diesem Zusammenhang daran zu erinnern, dass Karl Marx wenige Jahre später angesichts der Entstehung und Verelendung des Industrieproletariats sein *Kommunistisches Manifest* verfasste.

Liberalisierung manifestiert sich im 19. Jahrhundert auch im Wandel der Arbeitsverhältnisse. Das Dienstverhältnis, das seit Jahrhunderten bestanden hatte (Herr und Knecht), wurde von der freien Lohnarbeit abgelöst, ohne dass Unternehmer und Arbeiter eine persönliche oder gar dauerhafte Verpflichtung füreinander eingegangen wären. Die Folgen einer neuen Klassenstruktur und das Bewusstsein von Interessengegensätzen und Feindschaft zwischen den Klassen standen Gotthelf durchaus vor Augen. Die Ausgaben der Kommunen für die Armen wuchsen beständig. Als Redakteur des *Neuen Berner Kalenders* hat er die »Kuriositäten im Jahre 1844«[5] zusammengestellt und dabei auf den Aufstand der schlesischen Weber von 1844 einfühlsam reagiert. Gotthelf sah den Zusammenhang zwischen der Krise der jungen Industriegesellschaft und den Auflösungserscheinungen der alten Agrargesellschaft.[6]

Wandel der Arbeitsverhältnisse

Gotthelfs Ideal des christlichen Hauses als sozialer Institution, als Einheit von Wohn- und Arbeitsstätte, wird in der Rahmenerzählung als Idylle heraufbeschworen. Frühlings-

Ideal des christlichen Hauses

stimmung liegt über dem idyllisch gelegenen Haus, es ist das von »Menschenhänden erbaute« Abbild »der durch Gottes Hand erbauten Erde« (4). Es ist Himmelfahrtstag nach dem kirchlichen Kalender, und wie der göttliche Sohn an diesem Tag zum göttlichen Vater zurückkehrt, so wird der neugeborene Sohn aus dem »schönen Haus« (4) im Taufakt ebenfalls in die Hände Gottes gelegt. In der Betonung der sich erneuernden Natur als Sinnbild der menschlichen Bestimmung (4) im Zyklus des ständigen Werdens und Vergehens schwingt panentheistisches Gedankengut mit.

Dem Haus sind die Attribute »schön«, »stattlich«, »blank« und »rein« beigegeben, und Gotthelf wird nicht

| Ordnung |

müde, die Ordnung zu schildern, in der Menschen, Tiere und Sachen ihren festen Platz haben. In der von Gott gewollten Rangordnung hat der Großvater als Patriarch der Großfamilie einen ebenso festen Platz wie Knechte und Mägde. Er trägt die sittliche und materielle Verantwortung für alle Mitbewohner. Ihre Tätigkeitsfelder sind fest umrissen. Wie ein Räderwerk läuft im Haus ab, was die Sitte fordert. »Der Kult von Haus und Familie entspricht ganz allgemein der Seßhaftigkeit des Restaurationsmenschen, genauer gesagt, der Möglichkeit, sie zu verlieren, – welche durch die Eisenbahnen und die Industrialisierung bereits am Horizont auftaucht.«[7] Der Ordnungsgedanke durchzieht wie ein roter Faden die »Familienidylle« der Rahmenerzählung und verknüpft sie kunstvoll mit den Binnennovellen, die von Unordnung und Chaos berichten.

Derb und humorvoll weiß Gotthelf seine Leser im Rahmenteil zu fesseln. Neckreden zwischen der jungen Gotte und dem jüngeren Götti, die behäbige Säumigkeit der Gotte im Tun und Denken und ihre offen ausgesprochene Angst vor dem Spinnenpfosten am Ende der ersten Binnenerzählung lassen sie zu einer liebenswert-komischen Figur werden, aber auch gleichzeitig zum Muster der Landfrau alter Prägung (22 f.).

Dem Haus der Rahmenerzählung, festgefügt und unverrückt am alten Platz, stehen die Häuser der Binnenerzählungen gegenüber. Das Schloss auf dem Bärhegenhubel ist ein erstes Gegenbild, am unrechten Ort erbaut (28). Schon der Ort fällt aus dem Rahmen des Üblichen, denn andere Ritter bauen ihre Schlösser »über den Straßen« und nicht in die Einöde. Hier führt Hans von Stoffeln ein wüstes Leben. Dem geordneten Taufschmaus werden wüste Bacchanalien entgegengestellt, alles ist aus der Ordnung gefallen. Die maßlose Forderung des unbarmherzigen Ritters nach einem Schattengang binnen Monatsfrist ist Anlass für die unerhörte Begebenheit der ersten Binnennovelle. Von Stoffeln verstößt gegen die von der Sitte gebotene Verantwortung gegenüber den Dienstleuten und handelt damit im Gegensatz zum Großvater verantwortungslos.

In der zweiten Binnenerzählung ist es die Bauwut der »Meisterweiber«, die Gesinde und Vieh, dem Fronherrn vergleichbar, plagen und danach das alte Haus, »das ihrer Hoffart oft im Wege war« (98), dem Gesinde überlassen. Zum Einzug ins neue Haus am

Das alte Haus – die »neuen Häuser«

neuen Platz halten sie eine »Kilbi« ab, die drei Tage dauert (99). Völlerei, Verschwendung, Gottlosigkeit ziehen dort ein, wo »kein Meister oben am Tische sitzt, kein Meister die Ohren spitzt, kein Meister draußen und drinnen die Zügel hält« (100), und die Wende zum Bösen vollzieht sich ebenfalls während des Essens am Heiligen Abend, bei dem die heilige Handlung der Weihnachtsmesse karikiert und verspottet wird. Gegenbildlich stehen dem nach Tradition und Sitte geordneten Taufmahl des Rahmens in den Binnenerzählungen Völlerei, Schändung der von Gott gegebenen Gaben und Zügellosigkeit gegenüber. Auch nachdem die Überlistung des Grünen zum ersten Mal gelungen ist, wird ein großes Mahl anstelle des Gebets abgehalten, in Missachtung der Mahnung des Priesters (56 f.). Nur mit der Rückkehr zum alten Platz und der Bewahrung des alten Holzes, in das die Spinne eingeschlossen ist, kehrt der alte Segen zurück (114 f.). Das alte Haus ist Symbol und Garant der Stabilität im Kreislauf von Natur und Zeit. Die neuen Häuser dagegen bergen Sittenlosigkeit und Sittenverfall, die die Spinne im Balken wie eine Katze schnurren lassen (99). Das Ende der Spinnenherrschaft wird mit dem Brand des neuen Hauses und seiner Vernichtung und der Rückkehr an den alten Platz parallelisiert. Das alte Haus wird Bestand haben, solange »wir uns fürchten vor Gott« (115) betont der Großvater am Ende der Rahmenidylle.

Die Gefahr, die Gotthelf in seiner *Schwarzen Spinne* beschwört, kommt von außen. Dies trifft auf den Schwaben Hans von Stoffeln, auf die Lindauerin Christine und auf die »Meisterweiber« zu. Die von Gotthelf befürchteten gesellschaftlichen Wandlungen, die vom Ausland her auch die Schweiz erreichen, zeigen bereits deutliche Spuren.

Die Gefahr von außen

Hans von Stoffeln und Christine sind aus Deutschland ins Emmental gekommen.

Das Böse in Gestalt des Grünen

Die erste Binnenerzählung erzählt von ihnen. Sie rufen das Böse in Gestalt des Grünen auf den Plan: der Ritter durch seine unbillige und unerfüllbare Arbeitsbelastung der Bauern und Christine durch Abweichen vom

Althergebrachten. Sie ist »ein Weib«, nicht froh, »daheim zu sein« und »in der Stille ihre Geschäfte zu beschicken« (39). Indem Christine sich um Dinge kümmert, die Männersache sind, fällt sie im wahrsten Sinne des Wortes aus der Rolle. Sie stellt sich an die Seite des Ritters, wenn sie ihm das Recht zuspricht, so mit den ›hockenden und heulenden‹ Bauern zu verfahren (40). In genau diesem Augenblick greift der Grüne, der seine Chance wittert, erneut ins Geschehen ein. Christine allein bleibt mit dem Grünen zurück, und zwischen den beiden vollzieht sich, neben dem Gespräch, in dem klar wird, dass nur durch ein »ungetauftes Kind« die Hilfe des Grünen gewährleistet wird, eine quasi erotische Szene. Dazu gehört als Vorbereitung die Darstellung des Grünen im ersten Augenblick ihres Zusammentreffens mit ihm (40), die Besiegelung des Pakts als Höhepunkt (43 f.) und sein Fortwirken in ihr als Nachklang (44). Wie in der Rahmenidylle spiegelt die Natur die Qualität der menschlichen Handlungen: in wilder Nacht halten die Geister Hochzeit, die Blitze sind die Hochzeitsfackeln und der Donner ist der Hochzeitssegen.

Die Leibesfrucht der Vereinigung ist die schwarze Spinne, die in Christines Wange, durch des Grünen spitze Berührung (44) heranwächst, zunächst nur gefühlt: »ein feurig Eisen […], glühender von Stunde zu Stunde«, »eine giftige Wespe […], die ihr einen glühenden Stachel bohre« (57), dann ein »fast unsichtbarer Fleck« (58). »Und der schwarze Punkt ward größer und schwärzer, einzelne dunkle Streifen liefen von ihm aus« und schienen einen Höcker zu bilden (58). Beim zweiten Betrugsmanöver »dehnt sich der schwarze Punkt«, streckt Beine von sich, treibt kurze Haare und giftig glänzende Augen empor und wird für alle als giftige Kreuzspinne in Christines Gesicht erkennbar (59). Schließ-

lich gebiert sie, als der Handel zum zweiten Mal uneingelöst
bleibt, die schwarze Spinne, die ungezählte andere aus sich
heraussetzt, bevor sie sich erneut als fast unsichtbarer Punkt
wieder in Christines Gesicht niederlässt (61 f.). Christine
hat das Böse empfangen, in sich getragen und geboren. Sie
bleibt dem Bösen verfallen, denn »wen er einmal hat, dem
macht er es so« (62). Parallel zu diesem Ereignis werden die
Schwangerschaften guter Mütter gezeichnet, die auf die Rettung ihrer Kinder sinnen, während Christine egoistisch
darauf bedacht ist, ihre Qualen um den Preis des Kindes-
opfers loszuwerden. Sie wird, von den anderen verlassen
und gemieden, als Teufelsbuhle so abgrundtief böse, dass sie
schließlich in der zweiten Binnennovelle die Spinne selbst
ist, mithin zum weiblichen Teufel mutiert. »Er [Christen]
wusste erst nicht, war es Christine in ihrer ursprünglichen
Gestalt« (109). Sie ist das »wilde Weib«, das ein Kind ge-
bären soll (108), sich unsinnig gebärdet, kein Gottvertrauen,
sondern Hass und Rache im Herzen trägt und Christen, den
Retter ihres Kindes, daran zu hindern sucht, das Kind zur
Taufe nach Sumiswald zu tragen. »Darin, dass die Spinne ein
verwandeltes Weib, ja niemand anders als Christine ist, liegt
im Grund das Entsetzliche. Es ist die geniale Erfindung
Gotthelfs, und es weist darauf hin, dass und wie das Unge-
heuer für ihn selber wirklich war.«[8] Durch das Weib ist das
Böse in der Welt, dies kennt der Pfarrer Gotthelf aus der
Heiligen Schrift. Er erzählt die biblische Geschichte vom
Sündenfall neu. Von der Schlange verführt – auch der Grüne
hat »Schlangenaugen« (35) –, durchbricht Christine, wie
Eva, die gottbefohlene Ordnung. Sie hat durch diese Sünde
alles Elend in die Welt gebracht, das sich seither über die
Menschen gebreitet hat. Zwar vermögen Opfermut und
Rechtschaffenheit die Gefahr zu bannen, nicht aber zu be-

seitigen. Die Spinne ist nur weggesperrt. Un-
bedachte, böse Menschen, wie der fremde
Knecht – der äußeren Beschreibung nach ein
Ebenbild des Grünen – (101 f.), können sie

> Der fremde
> Knecht

leicht wieder freisetzen. An ihm finden die Mägde, vor allem
aber die »Meisterweiber« Gefallen, denn »solche sollen den
Weibsbildern [...] gerade die liebsten sein« (101).

Gotthelfs *Schwarze Spinne* ist nicht frei von der Dämoni-
sierung solcher Frauen, die die ihr zugedachte Rolle verlassen und eine ihnen nicht zugedachte Initiative ergreifen,
die sich außerhalb der gottgewollten Ordnung stellen und
damit unkalkulierbares Chaos anrichten. Gotthelf waren
die Aktivitäten junger Frauen aus dem Großbürgertum
durchaus bekannt, die im Gefolge romantischen Ge-
dankenguts sich mit der ihnen bis dahin zugewiesenen Rolle
nicht mehr abfinden wollten und nach Selbstbestimmung
und geistiger Gleichstellung mit ihren männlichen Zeit-
genossen strebten. Das von Christine angerichtete Chaos
wird schließlich durch den Opfermut der jungen Frau
gebannt, die als Frau und liebende Mutter ihrer Rolle
gerecht wird und sich für ihr Kind und die Gesellschaft
opfert.

In der zweiten Binnennovelle gelingt die Wiederherstel-
lung der Ordnung Christen, dem christlichen Mann.

Gotthelf greift auf Naturzeichen wie Unwetter, Gewit-
terstürme und Regengüsse zurück, um den
Grad menschlicher Verfehlungen oder gott-
gefälligen Handelns zu unterstreichen. To-

> Gewittersymbol

bende Gewitter sind Symbolzeichen für den Grad der Ver-
fehlung, der Gottes Gericht heraufbeschwört, eng verbunden mit dem Grünen, dessen Erscheinungsbild feurig und
höllisch ausgemalt wird (rote Feder, rotes Bärtchen, in dem

es knistert und spretzelt). Sie begleiten den Kampf des unerschrockenen Priesters ebenso wie den des wirbelsinnigen Weibes Christine.

▌ Zentrales, tragendes Symbolzeichen aber ist der wüste schwarze »Fensterposten« (25). Er steht dem neuen Haus schlecht an, fällt aus dem Rahmen des schönen Hauses, aber er ist die ständige Mahnung an das Böse, das im Hintergrund lauert und jederzeit hervorbrechen kann, wenn der Pfad der Tugend, der Sitte und bewährten Tradition verlassen wird.

Symbolzeichen schwarzer Fensterpfosten

Mit seiner *Schwarzen Spinne* erweist sich Gotthelf als Mahner und Erzieher. Er tritt ein für den Wert der Gemeinschaft, die er von außen bedroht sieht. An dem aktiven, offenen, auch opferbereiten Eintreten für diesen Wert entscheidet sich die Überlebensfähigkeit der Gemeinschaft, deren »sozialer Wert« außer Frage steht. Der sittliche Standpunkt und seine aktive Verteidigung ist das Thema der Binnennovellen, deren positive Ergebnisse in der Rahmenidylle aufgezeigt werden.

An der Aktualität der Gefährdung durch dauernde, oft auch unkontrollierbare Veränderungen, die als Fortschritt getarnt, Natur und Menschen in unerhörter Weise gefährden, kann auch in der Gegenwart kaum ein Zweifel bestehen.

Gotthelf ist ein durchaus konservativer Erzähler, der rückwärts auf die überkommenen Werte schaut und in die Zukunft einer Gesellschaft blickt, die nur dann überleben wird, wenn sie sich der echten, gemeinschaftsstiftenden, traditionellen Werte vergewissert. Erst dann gibt es eine Chance, den Bedrohungen von

Gotthelf konservativer Erzähler: Erhaltung der alten Werte

außen und dem zerstörerischen Handeln derer, die sich außerhalb der Tradition stellen, nachhaltig entgegenzuwirken. *Die schwarze Spinne* fordert zum Nachdenken auf über die Werte, die von Generation zu Generation weitergegeben werden und ein soziales und kulturelles Leben begründen. In einer Zeit hektischen Fortschritts und förmlicher Innovationssucht lenkt Gotthelfs Novelle den Blick auf den Menschen und seine in der Tradition wurzelnde Ordnung. Humanität hat nur dort eine Chance, wo sich das Überkommene mit der Gegenwart verbindet und so Wege in die Zukunft gewiesen werden.

7. Autor und Zeit

Jeremias Gotthelf wurde als Albert Bitzius, Sohn eines Pfarrers, am 4. Oktober 1797 in Murten im Schweizer Kanton Bern geboren. Sein Pseudonym wählte er nach dem Helden seines ersten Romans von 1837 mit dem Titel *Bauernspiegel oder Lebensgeschichte des Jeremias Gotthelf. Von ihm selbst beschrieben.* Von 1805 bis 1824 wirkte sein aus einer Berner Patrizierfamilie stammender Vater als Pfarrer in Utzendorf, einem Dorf im unteren Emmental bei Solothurn im Oberaargau. Diese Landschaft hat das Werk und den Menschen Gotthelf entscheidend geprägt.

Seinen ersten Unterricht erhielt Gotthelf in der Stadtschule von Murten und beim Vater, ehe er 1812 das Gymnasium in Bern bezog. Er selbst schätzte das Ergebnis so ein: »Meine Kenntnisse gingen aber nicht weit über Griechisch und Latein hinaus. Nebenbei las ich Romane, so viel ich zur Hand bringen konnte, trieb starken Schafhandel, lernte jagen, fischen reiten, übte mich in allen Landarbeiten, einigen weiblichen Handarbeiten und brachte es in mehr als einem ländlichen Spiel zu bedeutender Fertigkeit.«[9] Das Interesse Gotthelfs für die Landwirtschaft muss nicht verwundern, gehörte doch zur Pfarrei des Vaters ein landwirtschaftlicher Betrieb, den die Familie bewirtschaftete.

Erster Unterricht

1814 wurde Gotthelf Student der Berner Akademie, einer Vorläuferin der 1834 gegründeten Universität. Dort absolvierte er von 1817 bis 1820 ein Theologiestudium und wurde im Anschluss Vikar bei seinem Vater in Utzendorf. Doch unterbrach er schon 1821/22 sein Vikariat für ein Studienjahr in

Theologiestudium

Jeremias Gotthelf
Nach dem Gemälde von Friedrich Dietler aus dem Jahre 1844

Göttingen, von wo er Bildungsreisen nach Hamburg, Rostock, Weimar, Leipzig und Dresden unternahm, um eine den helvetischen Horizont überschreitende Bildung zu begründen. In Göttingen erkannte er jedoch klar seine Neigung zu praktischer mehr als zur theoretischen Arbeit, denn er urteilte: »Göttingen enthält nichts, das fesseln könnte, als Bücher und Professoren […]. Zudem ist eigentlich meine ganze Geisteskonstitution mehr auf Wirksamkeit im praktischen Leben berechnet als auf die tiefen Studien. In der ernsten Wissenschaft werde ich nie etwas leisten.«[10]

Praktische Veranlagung

Beim Tod seines Vaters 1824 hatte Gotthelf die vorgeschriebene fünfjährige Vikarzeit noch nicht abgeleistet und konnte deshalb dessen Nachfolge in Utzendorf nicht antreten. Er wurde in das nahe gelegene Herzogenbuchsee versetzt, wo er sich stark für Schulpolitik und die Verbesserung der Lehrereinkommen einsetzte. Wegen seines Eintretens für einen unterbezahlten Lehrer kam es zum Konflikt mit der zuständigen Behörde und zu seiner mehrfachen Versetzung. Schließlich trat er am 1. Januar 1831 eine Pfarrstelle in Lützelflüh im Emmental bei einem alten Pfarrer an. Nach dessen Tod 1832 wurde er dort zum Pfarrer gewählt und heiratete 1833 dessen Enkelin Henriette Zeender. Aus der Ehe gingen drei Kinder hervor. Lützelflüh ist seither von Gotthelf nur noch selten verlassen worden. Reisen, die er unternommen hat, waren in der Regel nur von kurzer Dauer. Sein Freund Abraham Emanuel Fröhlich hat in seinem Kondolenzbrief an die Familie vom 25. Oktober 1854 Gotthelfs Leben als »seltenes Idyll« bezeichnet und »seine Gemütlichkeit, sein heiteres Wesen und seine Seelengüte«[11] herausgestellt. Allerdings litt er unter einem Kropfleiden,

Pfarrstelle Lützelflüh

das ihn stark behinderte und das er selbst mit hohen Jod-
dosen behandelte. Gotthelf starb am 22. Oktober 1854. Kein geringerer als Gottfried
Keller, der um zwanzig Jahre jüngere Schwei-
zer Autor und Novellist hat ihn entgegen der Schweizer Öf-
fentlichkeit, die wenig Notiz von diesem Ereignis nahm und
auf die Würdigung seines Werks zu diesem Zeitpunkt weit-
gehend verzichtete, anerkennende Worte gezollt: »… die
Wahrheit ist, daß er ein großes episches Genie ist. Wohl
mögen Dickens und andere glänzender an Formbegabung,
schlagender, gewandter im Schreiben, bewußter und zweck-
mäßiger im Tun sein; die tiefe und großartige Einfachheit
Gotthelfs, welche in neuester Gegenwart wahr ist und zugleich so ursprünglich, daß sie an das gebährende und maß-
gebende Altertum der Poesie erinnert, an die Dichter an-
derer Jahrtausende, erreicht keiner.«[12]

Tod

Die Biografie Gotthelfs enthält im Grunde nichts Aufre-
gendes und Außergewöhnliches. Dennoch
hat er in einer Geschichtsepoche gelebt, die
von Krieg, Revolutionen und Umbrüchen
gekennzeichnet war. Zunächst erschütterten
die Napoleonischen Kriege die feudalistische Welt Europas.
Historische Erfahrungen arbeitet Gotthelf in seine Werke
ein. So ist Jeremias Gotthelf, der Held seines ersten, bereits
erwähnten Romans, als verwaistes Bauernkind von der
Gemeinde versteigert, in französische Kriegsdienste geraten, ehe er als freier Lehrer seine Biografie schreibt, in der er
sein mit Gottes Hilfe geführtes christliches Leben doku-
mentiert.

Die Geschichts-epoche Gotthelfs

Wenige Wochen vor Gotthelfs Geburt hatte die Republik
Bern vor den Invasionstruppen Napoleons kapitulieren
müssen. Seine Kindheit und Jugend fallen in eine Zeit

des Wandlungsprozesses und bedeutender gesellschaftlicher und geistiger Reformen sowie des Erhebungskampfes gegen Napoleon, der unter dem Begriff der Freiheitskriege in die Geschichte eingegangen ist. Zu der Zeit wurde das deutsche Geistesleben bestimmt von der Klassik und Romantik. Unter dem Eindruck der napoleonischen Fremdherrschaft entwickelte sich ein neues, von Nationalstolz erfülltes Freiheits- und Geschichtsbewusstsein (1807 Edikt zur Bauernbefreiung in Preußen).

Nach dem endgültigen Sieg über Napoleon 1815 bei Waterloo durch die vereinigten englischen und preußischen Truppen setzte nach dem zweiten Pariser Frieden eine Zeit der Restauration ein, die Wiedereinsetzung der Herrschaft der Feudalgesellschaft. Der geistige Kopf des Wiener Kongresses, der vor allem österreichische Interessen mit einem europäischen Frieden zu verbinden trachtete, Clemens Wenzel Fürst von Metternich (1773–1859), betrieb eine Politik der Intervention und der Repression, die sich gegen alle revolutionären Bestrebungen in Europa richtete. Er sah in den nationalen Freiheitsbestrebungen vernunftlose Leidenschaft und gefährlichen Anarchismus. Das Vertragswerk der Heiligen Allianz (Russland, Preußen, Österreich), das ursprünglich im Zeichen christlicher Verbrüderung und der erhabenen Wahrheiten der christlichen Religion den Frieden für alle sichern sollte, redigierte er zu einem reaktionär politischen Vertrag, in dem die Stellung der Fürsten im Sinne des monarchischen Prinzips festgeschrieben wurde. Der alte Bund von Thron und Altar wurde für Kontinentaleuropa neu geschlossen, die patriarchalische Herrschaft der Fürsten wiedererrichtet. Die Beschlüsse der Heiligen Allianz waren maßgebend, besonders als nach 1830 von Westen her eine Liberalisierung einsetzte, die von der

Julirevolution in Frankreich ihren Ausgang nahm. Die Veränderungen, die von außen auf die schweizerischen Verhältnisse einwirkten, machten Gotthelf misstrauisch gegen alles Fremde und erklären diese für uns unverständliche Haltung.

Die Zeit des Vormärz (1830–1848) war eine Zeit revolutionärer Aufbrüche und liberaler Bewegungen, mit dem Ziel, bürgerliche Verfassungen in den einzelnen Staaten durchzusetzen. Seinen Ausgang hatte der Geist des Liberalismus 1830 von der Julirevolution in Frankreich genommen. In einzelnen deutschen Bundesstaaten hatten die Landesherren auf dem Hintergrund von Unruhen und Aufständen neuen Verfassungen zugestimmt, die bürgerlichen und bäuerlichen Kräften größeren Einfluss in politischen und wirtschaftlichen Fragen zubilligten. Allerdings waren solche Zugeständnisse selten von Dauer und wurden dort, wo die politische Macht des Landesherrn ausreichte, zu Ungunsten der bürgerlichen Liberalität beschnitten oder gar zurückgenommen. Insgesamt war die Zeit zwar arm an äußeren politischen Ereignissen, sie gilt aber als eine Zeit der Vorbereitung auf die nationale, liberale und demokratische Bewegung in ganz Europa. Auch Gotthelf schloss sich zunächst der liberalen Bewegung in der Schweiz an. Zugleich mit dem Eintritt in das geistliche Amt begann eine starke pädagogische Tätigkeit. Als Schulkommissär engagierte er sich besonders auf dem Gebiet der Schulbetreuung, der Lehrerausbildung und des Armenwesens, wobei er sich politisch am gemäßigten liberalen Flügel bewegte. Er scheute keinen Streit mit der vorgesetzten Behörde, wenn es um das Eintreten für Recht und Gerechtigkeit ging. Die allgemeine Volksschule wollte

Anschluss Gotthelfs an die liberale Bewegung

er durchsetzen. Als Vorbild galt ihm der große Schweizer Volkserzieher Johann Heinrich Pestalozzi, den er persönlich kannte und von dessen Ideen er stark beeinflusst war. Ihm widmete er 1842 eine Schrift.

1831 trat die aristokratische Regierung Berns zurück, und das Volk gab sich eine liberale Verfassung. Gotthelf gehörte zu den 30 vom Volk gewählten Wahlmännern für den Verfassungsrat in Bern. Aber die neue Berner Verfassung beschnitt seine politische Tätigkeit, als Pfarrer verlor er das Amt des Schulkommissärs.

Gotthelf galt immer mehr als unbequemer Zeitgenosse durch zunehmende kritische Haltung und nunmehr immer größerer Neigung zu Einstellungen, die wachsend als äußerst konservativ empfunden wurden. Gewiss hat Gotthelf immer wieder die ›alte Ordnung‹ beschworen. Was er unter ihr verstand, formuliert er so: »Unter dem Alten verstehen wir nämlich die alte Ordnung Gottes gegenüber den Theorien und Dummheiten der Menschen. Nach der alten Ordnung Gottes bildet Gott fort und fort, seine schaffende Hand ist im Sande mächtig, aber den Menschen unmerklich; nach der alten Ordnung Gottes soll der Mensch alles, über was Gott ihn gesetzt hat, veredeln.«[13]

Auf den Theologen Gotthelf haben Johann Gottfried Herder und Friedrich Schleiermacher großen Einfluss ausgeübt. Kurt Guggisberg[14] hat in ihm einen Panentheisten gesehen, für den Gott in der ganzen Schöpfung und im menschlichen Gemüt stets gegenwärtig wirkt. Auch Hellmut Thomke[15] wendet sich gegen eine fortschrittsfeindliche oder gar reaktionäre Deutung von Gotthelfs Christentum und führt dafür seine Abhandlung *Christliche Freiheit und Gleichheit in der Vergangenheit und Gegenwart* von 1833 an. Hier wendet sich Gotthelf gegen die Unterdrückung der

Völker, die ihre Freiheit erkämpft haben, und gegen den Missbrauch der Kirchen durch die Heilige Allianz. Er lobt die maßvolle Julirevolution von 1830 und erteilt der Restauration und Reaktion eine Absage, in denen er durchaus den Rückschritt sieht. Die christliche Idee von Freiheit, Gleichheit und Brüderlichkeit ist für ihn maßgeblich, weshalb auch Religion und Politik aus seiner Sicht aufs Engste zusammengehören. Praktisches Christentum verwirklicht fortschreitend Gottes Reich auf Erden.

Aus der Abkehr der Linksliberalen von der Idee der Zusammengehörigkeit von Kirche und Staat, aus deren radikalem Streben nach vollständiger Säkularisierung des Staates, resultiert Gotthelfs Konflikt mit der politisch freisinnigen Bewegung und seine Abkehr von den Liberalen. Als Liberalkonservativer verwarf er den blinden Fortschrittsglauben. Je nach Zeitumständen hat er konservatives und fortschrittliches Denken und Handeln unterschiedlich gewichtet, es aber stets dialektisch aufeinander bezogen.

Sein Schreiben hat Gotthelf selbst als Kompensation für die versagte realpolitische Betätigung empfunden, aber er ist unbezweifelbar zu einem Klassiker der deutschsprachigen Literatur der Schweiz im 19. Jahrhundert aufgestiegen, und mit der *Schwarzen Spinne* hat er sich einen Platz in der Weltliteratur gesichert. Seine Bodenständigkeit und die Verwendung des Berner Dialekts hat ihm in der Schweiz den Ruf eines volkstümlichen, volkserzieherischen Heimatdichters eingetragen. Als Schriftsteller ist er Mahner, Verkünder und Seelsorger in einer Person. Gotthelf, der sich in seinen Werken auf den Bauernstand bezieht, stellt in allen Erfahrungsbereichen den Bezug zur übergreifenden christlichen Ordnung her, folgt ihren Normen

> Gotthelf:
> Autor und
> »Volkserzieher«

und misst seine Welt an ihr. Sein Werk, das der christlich konservativen Weltordnung verpflichtet ist, weist ihm literarhistorisch einen Platz in der Epoche der Restauration zu. Bändigung der Leidenschaften und der dämonischen Gewalten unter ein sittliches Ideal, leben in Selbstbescheidung, Genügsamkeit und Rückzug ins Private, Detailfreude und Naturverbundenheit kennzeichnen diese unheroische, konservative im ganzen unpolitische, zum Patriotismus neigende Bewegung, die als Biedermeier bezeichnet wird, ein Begriff, den man in älteren Veröffentlichungen auch für die literarhistorische Epoche der Restauration finden kann. Gotthelfs frühe Werke, zum Teil Auftragsarbeiten, betonen zwar die patriarchale Ordnung, sie polemisieren aber gegen soziale Missstände, Armut und Alkoholismus. Dies gilt für Werke wie *Der Bauernspiegel oder Lebensgeschichte des Jeremias Gotthelf* (1837), *Die Wassernot im Emmental* (1838), *Leiden und Freuden eines Schulmeisters* (1838/39) und *Wie fünf Mädchen im Branntwein jämmerlich umkommen* (1838). Dem *Uli*-Roman von 1841 folgten weitere, sie haben Gotthelfs hohes literarisches Ansehen begründet. Große Romane und Novellen erschienen in rascher Folge. Zu den bekannten Novellen zählen neben der *Schwarzen Spinne, Elsi, die seltsame Magd* (1843), *Das Erdbeeri-Mareili* (1850) und *Barthli der Korber* (1852).

Die Romane

Bis auf den heutigen Tag wird der Name Gotthelf mit dem Roman *Geld und Geist* verbunden, erschienen 1843/44 in Solothurn. Der Roman in zwei Teilen wird durch ein durchgängiges Thema und durch integrative Episodenreihung zu einem kunstvollen Ganzen zusammengebunden. Schon der Titel verdeutlicht, dass der Roman gegensätzliche Prinzipien gestaltet, denen seine Hauptfiguren verfallen sind. Der

Liebiswyler Hof gehört einer ehrbaren, im christlichen Sinn lebenden Familie. Das Glück der Familie, ein Elternpaar mit zwei Söhnen, Christeli und Resli, und der Tochter Änneli, wird durch einen hohen Geldverlust gefährdet, verschuldet von Christen, dem Hofbesitzer. Aus einer anfänglichen Verstimmung erwächst im Gefolge eine tiefe Entfremdung zwischen den Eltern. Die Gemeinsamkeit, vor allem auch die im Gebet, reißt ab. Der Unfriede breitet sich auch unter den Kindern aus.

Das Wort der Erlösung findet schließlich die Tochter Änneli, angeregt durch die Pfingstpredigt und den Anblick einer friedvollen Natur, aus der Fülle und Segen entspringt. Ein gemeinsames Vaterunser am Abend versöhnt die Familie am Ende des ersten Teils.

Der zweite Teil ruft mit der Feuerglocke den Sohn Resli auf den Hof des Dorngrütbauern, um einen Brand löschen zu helfen. Er begegnet dort der Tochter des Hofbesitzers, Anne Mareili. Sie fassen eine tiefe Zuneigung zueinander. Doch der geldgierige, geizige Dorngrüter verlangt einen Ehevertrag und so viel Geld, dass Resli auf die Heirat verzichten muss. Doch Reslis Mutter, nach aufopfernder Armenpflege schwer erkrankt, bittet sterbend den Sohn, seinem Herzen zu folgen, und segnet das junge Paar. Der christlichen Sitte folgend, hinterlässt sie ein frommes Paar und fromme Kinder.

Obwohl der Roman den Streit um Geld und Wohlstand gestaltet, ist er doch Gotthelfs »reinstes religiöses Bekenntnis, ein Buch von der Heiligung des Lebens und von der Ausgießung des Geistes, eine pfingstliche Dichtung – denn der Geist, den der lapidare Titel nennt, ist der heilige Geist der Bibel.«[16] Im wahren Menschsein schließen sich materieller Besitz und christliche Frömmigkeit nicht aus.

Dort wo der »Geist« wohnt, kann auch das Geld zum Segen werden. Dies Bekenntnis durchzieht viele Werke Gotthelfs.

Besitz, Wohlstand und gar Reichtum stellen sich dort ein, wo solidarisch und Gott wohlgefällig der Wechsel von Arbeit und Gebet die christliche Ordnung stärkt. Mit den *Uli*-Romanen (*Wie Uli der Knecht glücklich wird. Eine Gabe für Dienstboten und Meisterleute.* (1841) und *Uli der Pächter* (1849) aus verschiedenen Schaffensperioden verfasst Gotthelf eine Belehrung für den Bauernstand. Der Bodenbauer, Ulis Meister, nimmt Anstoß an dessen moralisch bedenklichem Leben. In wahrer christlicher Verantwortung für seinen Knecht kann er Uli durch überzeugende Gespräche für ein materiell erfolgreiches, zugleich aber auch ein christliches, Gott wohlgefälliges Leben gewinnen. Durch große, auf Einsicht beruhende Anstrengungen und Fleiß, nicht ohne Geldverluste und Rückschläge, die er der Verführung durch andere verdankt, und durch Abwehr von heiratslustigen Frauen, kann Uli ein Vermögen ansammeln und schließlich eine Meisterstelle antreten.

Hier wird er erneuten Prüfungen ausgesetzt, die kaum abreißen und ihn wieder in die Fänge einer falschen, launischen Frau, der Elsi treiben. Aber schließlich gelingt es der wohlmeinenden und rechtschaffenen Bäuerin ihn mit Vreneli, einer jungen, unehelich geborenen Verwandten, bekannt zu machen.

Der Roman endet mit der Hochzeit der beiden, nachdem die Bäuerin für sie einen Pachtvertrag ausgehandelt und abgeschlossen hat. Der letzte Abschnitt des Romans spricht den Leser direkt an »Ja, lieber Leser, Vreneli und Uli sind im Himmel [...], sie leben in wachsendem Wohlstande [...], ihr Name hat einen guten Klang [...]. Aber nicht an einem

Tage, sondern nach manchem harten Kampfe gelangten sie auf ebene Bahn und wurden des Zieles sicher. Merke dir das, lieber Leser!«[17] Die belehrende Absicht des Autors wird am Ende noch einmal unmissverständlich unterstrichen.

Uli der Pächter, zusammen mit Vreneli Protagonisten des zweiten Uli-Romans, muss in seiner neuen Rolle die Welt materiell und moralisch bestehen. Er kämpft mit der Angst um die Erhaltung seines Guts. Die Härte des Kampfes führt ihn zum Verlust des Glaubens an Vreneli und, in unangebrachter Sparsamkeit und falscher Einschätzung der Gesellschaft, zu schlechtem Gesinde und betrügerischen Mitarbeitern wie Wirt und Müller. Sie nehmen ihn aus. Die Strafe Gottes für ein Leben jenseits christlicher Sitte ereilt Uli, der sich selbst zu unehrlichem Handel verleiten ließ. Seine gesamte Ernte wird durch Hagelschlag vernichtet. Uli bricht schließlich unter der Last seiner Schulden und Händel zusammen. Ein Nervenfieber bringt ihn an den Rand des Todes, aber er geht als neuer Mensch gestärkt aus ihm hervor, weil Vreneli ihn aus tiefer Depression aufzurichten weiß. Zwar kann der Hof nicht gehalten werden, er wird versteigert, doch aus dem vermeintlichen Unglück erwächst ungeahntes Glück. Der neue Besitzer, Hagelhans im Blitzloch, erweist sich als Vater Vrenelis, und die Wirtschaft kann diesmal erfolgreich fortgesetzt werden.

So wie die Romane um Uli über den Bauernstand und seine Traditionen unterrichten, an denen festgehalten werden soll, so wird auch Gotthelfs Klage über den Verlust an echter Menschlichkeit in ihnen deutlich, den er dem vermeintlichen Fortschritt der neuen Zeit anlastet. Das Thema, das Gotthelf immer wieder anschlägt und bearbeitet, ist mit den exemplarisch angeführten Romanen und Novellen im

Wesentlichen umrissen. Sie sollen daher hier stellvertretend stehen für ein außerordentlich umfangreiches Werk, das innerhalb von 18 Jahren entstand und das Leben des Pfarrers von Lützelflüh und des Schweizer Volkserziehers mit nur 57 Jahren erschöpfte.

8. Rezeption

Hanns Peter Holl[18] führt im Wesentlichen drei Richtungen der Gotthelf-Rezeption an. Die einen sehen in Gotthelf den Schweizer Heimatdichter, der die Sitten, Bräuche und Zustände der Berner Landbevölkerung in seinen Werken festgehalten hat. Nach Ansicht Holls zeigt diese Gruppe ein zu geringes Verständnis für Gotthelfs Einmaligkeit und Größe, weil sie mit Heimatdichtung die Vorstellung von Bravheit, Biederkeit und Bodenständigkeit, Echtheit und Ursprünglichkeit verbindet. Eine solche Rezeption werde der Leistung Gotthelfs zwar nicht gerecht, sie sichere seinem Werk aber einen lebendigen Leserkreis.

In der zweiten Gruppe der Gotthelf-Rezipienten sieht Holl diejenigen, die sein Werk in die Allgemeingültigkeit gehoben haben. Hier nennt Holl den Kulturhistoriker Wilhelm Heinrich Riehl und den Schweizer Gotthelf-Biografen Walter Muschg. Riehl hatte unter Berufung auf Otto Ludwigs *Shakespeare-Studien* und das Kapitel *Jeremias Gotthelf und Shakespeare* in Gotthelf einen der größten Dichter aller Zeiten gesehen und ihn mit Homer, Dante, Shakespeare und Goethe verglichen.[19]

Muschg wendet sich gegen diejenigen, die in ihm nur den Volkserzieher und Lokalhistoriker hervorheben und sein Genie verkennen, das erschaffend weit über das Abbilden und Naturnachahmen hinausgehe.[20] Damit sind wir bei

> Die Interpretationen

der dritten Gruppe der Fachgermanisten und Interpreten. Auf sie soll mit Blick auf *Die schwarze Spinne* das Hauptaugenmerk gerichtet werden. In den meisten Literaturgeschichten des 19. Jahrhunderts (z. B. Robert König, *Deut-*

sche Literaturgeschichte, 1893) wird *Die schwarze Spinne* nicht erwähnt, obwohl Gotthelf ein Platz eingeräumt wird. Er wird in die Autoren von »Dorfgeschichten« eingereiht. Ab 1925 etwa findet *Die schwarze Spinne* Beachtung.[21] Auch der durch Sigmund Freud angeregte psychoanalytische Zweig der Literaturwissenschaft entdeckte die *Schwarze Spinne.*[22] In seinem Gefolge nahm sich die Literaturwissenschaft zunehmend des Textes und seiner Interpretation an. Die im Werk Gotthelfs gezeichnete Bauernwelt hat auch Nazi-Interpreten gelockt. So ist die *Schwarze Spinne* zum Muster nationalsozialistischer Familienmythologie geworden.[23]

In der Nachkriegszeit ist *Die schwarze Spinne* häufiger Anlass gewesen, um das unerhörte Geschehen des zweiten Weltkriegs zu reflektieren. Reinhold Schneider hat 1949 mit seinem Essay den Anfang gemacht.[24] Beispiele solcher Rezeption hat William Collins Donahue[25] zusammengetragen. Gegen den Bezug auf den zweiten Weltkrieg, auf Hitler und den Holocaust argumentiert er überzeugend, wenngleich ihm die Beschäftigung mit der *Schwarzen Spinne* als sühnender Reflex auf diese Ungeheuerlichkeiten plausibel erscheint.

Nicht zufällig fallen in die Nachkriegszeit (1949) auch die Uraufführungen zweier Opern. *Die schwarze Spinne* des Schweizer Komponisten Burkhard und die Oper von Heinrich Sutermeister, anerkannter, moderner Komponist aus Schaffhausen, der seine Stoffe überwiegend der Weltliteratur entnahm (Dostojewski, Shakespeare u. a.).[26]

Bei Lehrern und Schülern hat seinerzeit die Interpretation der *Schwarzen Spinne* von Benno von Wiese große Beachtung gefunden.[27] Ihm geht es um die Vereinigung der beiden großen Symbole der Spinne und des Hauses im zentralen

Symbol des schwarzen Fensterpfostens. Sowohl im Rahmen als auch in den Binnenerzählungen sieht er Dauer und Wandel im Ablauf der Geschichte. Die vom Großvater erzählten Mythen seien auch ein Stück Familiengeschichte, denn das Haus sei geprägt sowohl vom Sinn Christines, sie hat in ihm gewohnt und ist zweimal in das Haus zurückgekehrt, als auch von der jungen Mutter und Christen. Also auch die rettenden Märtyrertaten gingen von ihm aus. Im dynamischen Wechsel von Altem und Neuem liege zwar eine ständige Gefährdung, solange aber das alte Holz und der alte Sinn, der die Spinne ins Holz eingeschlossen hat, bewahrt bleibt, bleibt ihm der alte Segen, der über dem Haus und seinen Menschen liegt.

In den Bildsymbolen von mythischer Kraft sieht von Wiese die Eindringlichkeit der Novelle, deren Mittelpunkt die schwarze Spinne sei. In diesem Symbol öffne sich eine verfremdete, groteske, vergiftete und grauenvolle Welt, die mit dem Bösen und dem Tod verschmolzen sei. Die Begebenheit von der schwarzen Spinne, die vom Großvater erzählt wird, sei der zu allen Zeiten gleiche Einbruch des Bösen in eine geordnete, auf Gott bezogene Welt, wenn auch die konkreten Bedingungen, unter denen dies geschehe, sich jeweils wandelten. Der schwarze Holzpfosten, als Gegenpol zum geordneten Haus, rage als ständige Bedrohung bis in die Gegenwart des Tauffestes hinein. Gegen diese Bedrohung gelte es, sich auch in der Zukunft abzuschirmen, was nur durch die Bewahrung des alten Sinns und des alten Holzes, so der weise Mann, zu erreichen sei.

Die Interpretation Benno von Wieses gibt dem Leser auch heute noch konkrete Deutungs- und Verständnishilfen.

Eine zeitgeschichtliche und zugleich politische Interpretation bieten Jost Hermand und von ihm angeregt, Klaus

Lindemann.[28] Lindemann betont, dass die Rahmenerzählung eine Gesellschaftsutopie von »Ruhe und Leben« zeichnet, mit der der Autor der zwischen den Revolutionen sich abzeichnenden rasenden Entwicklung von Wirtschaft, Industrie und Mobilität begegnen will. »Literatur wird zur Waffe gegen die Revolution(en), ganz gleich, ob sie sich als politische, soziale oder industrielle verstehen und manifestieren. [...] Der ideale ursprüngliche Zustand und seine Gefährdung durch Fremde werden zu Beginn der Erzählung [...] als Exposition für die ›unerhörte Begebenheit‹ der Novelle vorgestellt.« Am Ende der ersten Binnenerzählung kehre man denn auch zurück in den alten Zustand, was den Leitgedanken Gotthelf'schen Schreibens, den Erhalt der patriarchalischen Herrschaft als Garant für gedeihliches Zusammenleben verdeutliche. Wenn Gotthelf in Distanz zu allem aufgeklärten Denken vor ihm das Böse in Gestalt des Grünen oder der schwarzen Spinne erneut personifiziere, so spiegele sich darin die Unsicherheit der Epoche zwischen den Revolutionen, die in permanenter Angst vor den untergründigen Kräften der Veränderung und Anarchie lebte. In den von Gotthelf zahlreich angeführten Bildern von Hölle und Feuersbrunst evoziere er Metaphern revolutionärer Vulkanausbrüche, Gewitter und Brandkatastrophen wie beispielsweise Eichendorff in seiner Novelle *Das Schloss Dürande* (1836). Die Ubiquität, mit der Gotthelf seine Spinnen und den Teufel ausstatte, erweise sich »als Metapher für eine Lebensweise, die den weltanschaulichen, sozialen und sittlichen Wertvorstellungen der Biedermeierzeit diametral« widerspreche. Sie seien da des Teufels, wo sie direkt mit Bodenständigkeit und Traditionsbewusstsein zusammenstießen. Auch die durch die Spinnen erzeugte Krankheit, die sich bei den Tieren durch »Toben« und bei den Fremden in

Formen von »Wahnsinn« zeige, erinnere an die ausschwei-
fenden Reden von »Wahnsinnigen« und Phantasten, die Revolutionen provozierten. Lindemann verweist auf Jost Her-
mands Ansicht, dass das zweimalige Wirken der Spinne(n)
ein Hinweis auf den Schrecken der Wiederkehr Napoleons
aus seiner ersten Verbannung aus Elba 1815 für ganz Europa
sei. Lindemann sieht im Wechsel der Erzählung zwischen
idealtypischer Rahmen- und geschichtsbezogener Binnenerzählung gezielt eine Allegorie der historischen Ereignisse
mit dem Ziel einer konservativ-restaurativen Botschaft. Die
Bezüge sieht er in den nahe beieinander liegenden Ereignissen der Wiederkehr Napoleons ebenso wie in dem zweima-
ligen Versuch Louis Napoleons, von der Schweiz aus gegen
das Frankreich des Bürgerkönigs zu putschen, ein Un-
ternehmen, das die Schweiz seinerzeit in die Gefahr eines
Krieges mit Frankreich stürzte. Im »tiefsten Bezug« sieht
Lindemann in Gotthelfs Novelle das »Modell einer Heils-
geschichte«, in der jedes einzelne historische Ereignis nur
stellvertretende Bedeutung für die »exemplarische Darstellung des Kampfes zwischen Gut und Böse« [...] habe.

Jamie Rankin arbeitet einen Vergleich zwischen den Eltern der Rahmenerzählung und denen der Binnenerzählungen heraus, und verdeutlicht damit, dass alle Teile der
Erzählung, sowohl der Rahmen als auch die Binnennovellen
didaktischen, mahnenden Charakter haben. Während in den
Binnenerzählungen die Spinnenbezwinger mit Bedacht aus
der christlichen Verantwortung für ihre Kinder handeln und
dafür ihr Leben geben, geht es den Eltern des Täuflings in
erster Linie nicht um die heilige Handlung, die an ihrem
Kind vollzogen wird – in diesem Punkt blieben sie merk-
würdig blass, und die eigentliche Taufhandlung fände nur
Beachtung in der humorvoll entfalteten komischen Figur

der Götte. Den Eltern käme es im Wesentlichen auf ihre Reputation nach außen an, indem ihr Augenmerk auf Äußerlichkeiten wie Ausstellen des eigenen Wohlstands bei den Tafelfreuden ginge. Nur in diesen Zusammenhängen fänden sie Erwähnung. Für Rankin steht fest, dass Gotthelf als Pfarrer gegen die Tradition opponiert, in der die Mütter ihre Kinder nicht zur Taufe geleiten, und zitiert den Schweizer Volkskundler Brüschweiler, der in seiner Darstellung des Berner Taufwesens ausführt: »Ich weiß eigentlich gar nicht, warum fast aller Orten die Weiber ihre Kinder nicht auf ihrem ersten Ausgange zur Taufe geleiten […]. Haben sie etwa nicht nötig zu gedenken, dass fortan alle Wege, welche man das Kind trägt, führt, und weiset, in Gott sich ausmünden sollen?«

Winfried Freund stellt in seiner Interpretation der *Schwarzen Spinne*[29] Christine, die Lindauerin, in den Mittelpunkt, in der das Böse schlechthin virulent wird. Ihre Unwilligkeit, sich mit der zudiktierten Frauenrolle abzufinden, ihre innere Unabhängigkeit und ihr respektloses Selbstbewusstsein machten sie anrüchig und anfällig. In ihrem Wunsch, dem Teufel selbst einmal zu begegnen, äußere sich bereits die Faszination durch das Böse. Freund sieht in dieser Darstellung Christines eine suggestive Diffamierung, die die Teufelsbuhlschaft förmlich beschwört. Ist sie zunächst noch unfähig zu erkennen, was sie heraufbeschwört, so ist sie schließlich bereit zur Zärtlichkeit. Ihre sexuelle Begehrlichkeit verwandelt den Teufel in einen begehrenswerten Mann. Das Böse, vom Teufel geweckt, ist der Trieb. Die selbstbewusste Frau hat sich des Schutzes beraubt, indem sie die ihr zugedachte Rolle verlassen hat. »Die Fleischlichkeit, in der christlichen Moral im besonderen Maß mit dem Weiblichen verbunden, wird zur eigentlichen Quelle der Verführbarkeit und damit des Bösen im Menschen. Sinnenfreude und Sinnlichkeit werden zum teuflischen Anteil an der Schöpfung, zur luziferischen Verunreinigung des reinen göttlichen Entwurfs.« Freund sieht Gotthelfs Weltbild geprägt von dem ewig waltenden Dualismus von Gut und Böse. Indem Christine letztlich in der Spinne aufgehe, werde sie zur Mutter der Höllenbrut. In ihren tödlichen Vernichtungszügen mache sie selbst vor ihrem Ehemann nicht Halt. Mit dem Mord an ihm zerreiße sie die letzte Bindung an ihr früheres Leben.

Freund sieht die elementar sinnlichen Kräfte des Menschen, die erst den Gesamtumfang seiner Persönlichkeit ausmachen, zu phantastischen Schreckbildern verzerrt, weggesperrt und verdrängt. Er stellt heraus, dass Gotthelf die männliche Herrschaft legitimiere, indem er weibliche Bedrohung der Ordnung im Rahmen phantastischer Fiktion beschwöre. Somit annulliere er die revolutionären Emanzipationsforderungen ebenso wie die romantische Hochschätzung der Frau, eine Verehrung, die in der Überzeugung von der ursprünglichen Nähe der Frau zum organischen Leben gründe.

9. Checkliste

In den **Erstinformationen** werden Schreibvoraussetzungen, Schreibmotive und Schreibintentionen Gotthelfs erläutert.

1. Stellen Sie diese Informationen in der angegebenen Reihenfolge gegliedert zusammen.
2. Stellen Sie Gemeinsamkeiten und Unterschiede von Gotthelfs zu Langbeins Sage von der Schwarzen Spinne heraus.

Die **Inhaltsangabe** gibt kurz gefasst die Handlung wieder.

3. Zeichnen Sie die Stationen der Novellenhandlung nach, und erstellen Sie anhand dieser Stationen eine Gliederung des Textes.
4. Ordnen Sie den Stationen die jeweiligen Erzähler zu. Bestimmen Sie ihre Funktion im Rahmen des Erzählganzen.
5. Diskutieren Sie Sinn und Funktion der ausführlichen Darstellung des Brauchtums im Rahmen der Taufvorbereitung.
   Stellen Sie den historischen und gesellschaftlichen Unterschied zwischen den beiden Rückblenden heraus.

Die **Personen** der Novelle lassen sich nach bestimmten Prinzipien einteilen.

6. Versuchen Sie Prinzipien zu finden, nach denen die Personen der **Rahmenerzählung** und der **Binnenerzählung** geordnet werden können. Versuchen Sie zwischen Handlungsträgern und Nebenfiguren zu unterscheiden.

7. Stellen Sie in wenigen Worten den Pakt mit dem Teufel und dessen Besiegelung dar, und halten Sie fest, auf welche Weise der Grüne dessen Einhaltung erzwingen will.

8. Diskutieren Sie, wer die eigentlichen Protagonisten und wer die Antagonisten der Novelle sind. (Ermitteln Sie die Bedeutung der Begriffe Protagonist und Antagonist durch Nachschlagen in einem Sachwörterbuch.)

9. Führen Sie Personen auf, deren Charakter in der Novelle deutlich und greifbar hervortritt.

10. Zeigen Sie im Gegenzug solche Personen auf, die im ungenau Typenhaften verbleiben. Verweisen Sie für Ihre Auffassung auf Belegstellen im Text.

In Kapitel 4 wird die **Struktur** der Novelle dargelegt.

11. Betrachten Sie die Strukturskizze, und diskutieren Sie den Aufbau unter dem Aspekt der Ausgewogenheit.

12. Legen Sie unter Gattungsaspekten die Unterschiede zwischen Rahmen- und Binnenerzählungen dar.

13. Definieren Sie, was man im literaturwissenschaftlichen Kontext unter »Idylle« und »Utopie« versteht.

14. Erklären Sie den Begriff »Rückblende« im Erzählprozess und bestimmen Sie ihre Funktion.

15. Legen Sie dar, inwiefern die Binnenerzählungen als »Novellen« gelten können, und führen Sie dafür entscheidende Merkmale an.

16. Tragen Sie Auffälligkeiten der Gotthelf'schen Sprachgebung zusammen. Erklären Sie ihre Funktion im Rahmen seiner Erzählintentionen und seines Selbstverständnisses als Volksschriftsteller.
    Beziehen Sie in Ihre Überlegungen die gesellschaftliche Schicht ein, an die sich Gotthelf überwiegend wendet.

17. Bewerten Sie die Sprache unter dem Aspekt der Leserfreundlichkeit. Bringen Sie für Ihre Einschätzung mindestens einen Textbeleg.

In der **Interpretation** werden Lesarten vorgeschlagen, wie sie sich durch die genaue Betrachtung des Textes auf dem zeitlichen Hintergrund seiner Entstehung anbieten. Daneben wird aber auch versucht, Allgemeingültiges und Aktuelles herauszuarbeiten, um den Wert der Beschäftigung mit einem historischen Text zu belegen.

18. Stellen Sie zusammen, auf welche Weise Gotthelf erzieherischen Einfluss auf seine Leser nimmt. Welche Rolle ist dabei dem ausdrücklich geforderten Wahrheitsgehalt beizumessen?
19. Geben Sie Beispiele dafür, dass Gotthelf sich auf geografisch und historisch gesichertem Terrain bewegt. Geben Sie Gründe dafür an.
20. Stellen Sie dar, welchem gesellschaftlichen Ideal sich Gotthelf verpflichtet.
21. Stellen Sie Beobachtungen zusammen, die die Begegnung Christines mit dem Grünen zur »unerhörten Begebenheit« machen.
22. Diskutieren Sie, wie das Rollenbild, das Gotthelf der Frau zugesteht, aus gegenwärtiger Sicht zu beurteilen ist.
23. Versuchen Sie am Beispiel des Fensterpfostens eine Definition von Symbolzeichen. Nennen Sie weitere Symbole und bestimmen Sie ihren Symbolwert.
24. Diskutieren Sie unter Berufung auf Beispiele und Fakten den Aktualitätsgrad der *Schwarzen Spinne*.

In Kapitel 7 wird über **das Leben von Jeremias Gotthelf** auf dem Hintergrund seiner Zeit berichtet.

25. Nennen Sie Stationen in Gotthelfs Leben, die ihn aktiv in praktischer Politik zeigen, und führen Sie Ereignisse an, die sein poetisches Schaffen herausgefordert haben.

26. Gotthelf erlebt den nach der Julirevolution 1830 in der Schweiz und in Europa aufkeimenden Liberalismus. Welche Tatsachen bewirken im Verlauf seines Lebens Veränderungen in seiner liberalen Haltung?

27. Diskutieren Sie, inwieweit auch in die *Schwarze Spinne* zeittypische Tendenzen und Erfahrungen eingegangen sind.

28. Ordnen Sie die literarische Epoche der Restauration zeitlich ein, und ermitteln Sie mit Hilfe eines Nachschlagewerks andere wichtige Autorinnen und Autoren dieser Epoche.

29. Begründen Sie anhand ihrer Kenntnisse über die Restauration oder das Biedermeier die Zugehörigkeit Gotthelfs zu dieser literarhistorischen Epoche.

Im Kapitel **Rezeption** werden Sichtweisen einzelner Interpreten von Gotthelfs Erzählung zusammengetragen.

30. Unterziehen Sie die vorgetragenen, beispielhaften Rezeptionsweisen einer kritischen Prüfung auf dem Hintergrund Ihrer eigenen Leseerfahrungen.

31. Begründen Sie, warum Sie eine Meinung besonders, eine andere gar nicht überzeugt.

32. Stellen Sie Überlegungen darüber an, warum der Stoff bislang nicht verfilmt worden ist. Worin könnten Hindernisse liegen? Wie wären sie bildtechnisch möglicherweise zu überwinden?

10. Lektüretipps

Textausgaben

Jeremias Gotthelf: *Die Schwarze Spinne*. Sämtliche Werke in 24 Bänden (HKA). Hrsg. von Rudolf Hunziker und Hans Bloesch. München/Bern/Erlenbach-Zürich: Rentsch, 1911 ff. Bd. 17.

Jeremias Gotthelf: *Die schwarze Spinne*. Stuttgart 2002. (Reclams UB. 6489.) – *Reformierte Rechtschreibung. Nach dieser Ausgabe wird zitiert.*

Erläuterungen und Dokumente

Wolfgang Mieder: Erläuterungen und Dokumente: Jeremias Gotthelf: *Die Schwarze Spinne*. Stuttgart: Reclam, 1983 [u. ö.] (Reclams UB. 8161.) *Mit weiteren Informationen und ausführlichen Worterklärungen.*

Zum Nachschlagen von Sachbegriffen

Reallexikon der deutschen Literaturgeschichte. Begr. von Paul Merker und Wolfgang Stammler. Berlin [u. a.] ²1977.

Wilpert, Gero von: Sachwörterbuch der Literatur. Stuttgart 1955 [u. ö.].

Zur Einführung in die Gattung Novelle

Freund, Winfried: Einleitung – »... und ob es eine Tat war oder nur ein Ereignis...« Ein Versuch über die Novelle.

In: W. F. (Hrsg.): Deutsche Novellen. München 1993. (UTB. 1753.) S. 7–13.

Freund, Winfried: Theorie der Novelle. In: W. F.: Novelle. Stuttgart 1998. (Reclams UB. 17607.) S. 9–63.

Krämer, Heubert (Hrsg.): Theorie der Novelle. Stuttgart 1976 [u. ö.]. (Reclams UB. 9524.)

Zur literaturwissenschaftlichen Interpretation der *Schwarzen Spinne*

Freund, Winfried: Dämon Weib – Jeremias Gotthelf: *Die Schwarze Spinne* (1842). In: W. F.: Literarische Phantastik. Die phantastische Novelle von Tieck bis Storm. Stuttgart 1990. S. 121–132.

– Jeremias Gotthelf (1797–1854). In: W. F.: Novelle. Stuttgart 1998. (Reclams UB. 17607.) S. 131–134.

Lindemann, Klaus: Zwischen Revolutionen und Napoleon(en). Jeremias Gotthelf: *Die Schwarze Spinne*. In: Winfried Freund (Hrsg.): Deutsche Novellen. München 1993. (UTB. 1753.) S. 95–108.

Rankin, Jamie: Spider in the frame: the didactic structure of *Die schwarze Spinne*. In: The German Quarterly 61 (1988) S. 403–418.

Wiese, Benno von: Jeremias Gotthelf: *Die Schwarze Spinne*. In: B. v. W.: Die deutsche Novelle von Goethe bis Kafka. Interpretationen I. Düsseldorf 1964. S. 176–195.

Zu Jeremias Gotthelf

Braungart, Wolfgang: Jeremias Gotthelf. In: Metzler Autorenlexikon. Deutschsprachiger Dichter und Schriftsteller vom Mittelalter bis zur Gegenwart. Hrsg. von Bernd Lutz. Stuttgart 1986. S. 206f.

Fehr, Karl: Jeremias Gotthelf. Stuttgart ²1985.

Holl, Hanns Peter: Jeremias Gotthelf. In: Deutsche Dichter. Leben und Werk deutschsprachiger Autoren vom Mittelalter bis zur Gegenwart. Hrsg. von Gunter E. Grimm und Frank Rainer Max. Bd. 5. Stuttgart 1993 [u. ö.]. (Reclams UB. 8615.) S. 408–411.

Paulin, Roger: Gotthelf. In: Walther Killy: Literaturlexikon. Autoren und Werke deutscher Sprache. Bd. 4. Gütersloh/München 1989. S. 281–285.

Anmerkungen

1 Jeremias Gotthelf (Albert Bitzius), *Sämtliche Werke in 24 Bänden (HKA)*, hrsg. von Rudolf Hunziker und Hans Bloesch, Erlenbach/Zürich 1911 ff., Bd. 1, S. 383 f.

2 Brief vom 20. 9. 1843 an Irenäus Gersdorf, in: Gotthelf (Anm. 1), Erg.-Bd. 5, Nr. 174.

3 Friedrich Sengle, *Biedermeierzeit. Deutsche Literatur im Spannungsfeld zwischen Restauration und Revolution 1815–1848*, Bd. 1, Stuttgart 1971, S. 366.

4 Albrecht Schöne, »Didaktische Verweisung. Jeremias Gotthelf«, in: A.S., *Säkularisation als sprachbildende Kraft. Studien zur Dichtung deutscher Pfarrerssöhne*, in: Palaestra 226, S. 116–151. Zugl. Habil.-Schrift Göttingen 1958.

5 Gotthelf (Anm. 1), Erg.-Bd. 15, S. 200 f.

6 Vgl. Werner Hahl, »Gotthelfs Liberalismus-Kritik im europäischen Kontext«, in: *Erzählkunst und Volkserziehung* (Anm. 15), S. 243 ff.

7 Friedrich Sengle (Anm. 3), Bd. 1, S. 62.

8 Walter Muschg, *Jeremias Gotthelf, Geheimnisse des Erzählers*, München 1931, S. 222.

9 Jeremias Gotthelf (Anm. 1), Erg.-Bd. 18, S. 13.

10 Ebd., Erg.-Bd. 4, S. 62.

11 Ebd., Erg.-Bd. 9, S. 147.

12 Zitiert nach: Karl Fehr, *Jeremias Gotthelf*, Zürich 1954, S. 417.

13 Gotthelf (Anm. 1), Bd. 9 *(Jakobs des Handwerksgesellen Wanderungen durch die Schweiz)*, S. 247.

14 Kurt Guggisberg, *Jeremias Gotthelf. Christentum und Leben*, Zürich/Leipzig 1939, S. 100 ff.

15 Hellmut Thomke, »Gotthelfs ›Konservatismus‹ im europäischen Kontext«, in: *Erzählkunst und Volkserziehung. Das literarische Werk des Jeremias Gotthelf*, hrsg. von Walter Pape, Hellmut Thomke und Silvia Serena Tschopp, Tübingen 1999.

16 Jeremias Gotthelf, *Werke*, 20 Bde., hrsg. von Walter Muschg, Basel 1948 ff., Bd. 8., *Einleitung*.

17 Jeremias Gotthelf, *Uli der Knecht* (Anm. 1), Bd. 4, S. 387.

18 Hanns Peter Holl, *Gotthelf im Zeitgeflecht. Bauernleben, industrielle Revolution und Liberalismus in seinen Romanen*, Tübingen 1985, S. 12 ff.

19 Wilhelm Heinrich Riehl, *Naturgeschichte des Volkes als Grundlage einer deutschen Sozialpolitik*, Bd. 3: *Die Familie*, Stuttgart/Tübingen 1855, S. 234 f.

20 Muschg, Gotthelf (Anm. 8), S. VII.

21 Richard Riegler, »Spinnenmythos und Spinnenaberglaube in der neueren Erzählliteratur«, in: *Schweizerisches Archiv für Volkskunde* 26 (1925) S. 55–69.

22 Gustav Hans Graber, »Die Schwarze Spinne. Menschheitsentwicklung nach Jeremias Gotthelfs gleichnamiger Novelle, dargestellt unter besonderer Berücksichtigung der Rolle der Frau«, in: *Imago* 11 (1925) S. 254–334.

23 Franz Koch, »Die Schwarze Spinne«, in: *Geschichte deutscher Dichtung*, Hamburg 1937, S. 208.

24 Reinhold Schneider, »Und vergib uns unsere Schuld«, in: R. Sch., *Im Schatten Mephistos. Drei Essays*, Stuttgart 1949, S. 33–44.

25 William Collins Donahue, »The Kiss of Spider Woman: Gotthelf's ›Matricentric Pedagogy‹ and its (Post)war Reception«, in: *The German Quarterly* 67 (1994) S. 304–324. Darin: »Types of Reception: Vergangenheitsbewältigung and New Criticism«, S. 314–319.

26 H. Sutermeister, *Die Schwarze Spinne;* Text: A. Rösler; Funkoper, Uraufführung: Radio Bern 1936; Kammeroper, Neubearbeitung und Uraufführung: St. Gallen 1949.
W. Burkhard, *Die Schwarze Spinne;* Text: R. Faesi und G. Boner; Oper, Uraufführung: Zürich 1949.

27 Benno von Wiese, »Jeremias Gotthelf: *Die Schwarze Spinne*«, in: B. v. W., *Die deutsche Novelle von Goethe bis Kafka. Interpretationen I,* Düsseldorf 1964, S. 176–195.

28 Jost Hermand, »Napoleon und die schwarze Spinne. Ein Hinweis«, in: *Monatshefte für deutschen Unterricht* 54 (1962) S. 229 f.
Klaus Lindemann, »Zwischen Revolutionen und Napoleon(en). Jeremias Gotthelf: *Die schwarze Spinne* (1842)«, in: *Deutsche Novellen*, hrsg. von Winfried Freund, München 1993, S. 95–108.

29 Winfried Freund, »Dämon Weib – Jeremias Gotthelf: *Die schwarze Spinne*«, in: W. F., *Literarische Phantastik. Die phantastische Novelle von Tieck bis Storm*, Stuttgart 1990.

Raum für Notizen